가와무라 야스후미 지음 | 송소정 옮김

진짜 된다!

# 쉽게 따라 하는
# 초간단
# 과학
# 실험

초등학생을 위한 쉽고 재밌는 36가지 과학 실험

길벗스쿨

## 머리말

우리 주변에는 언뜻 보면 별것 아닌 듯 보이지만, 곰곰이 생각하면 '어째서 그런 걸까?', '왜 그렇게 된 걸까?' 싶은 궁금한 점들이 넘쳐납니다. 생크림으로 거품을 만들면 폭신폭신해지고, 한 개의 악기에서 다양한 소리가 나며, 반짝반짝 빛나는 결정이 만들어지기도 합니다. 또, 롤러코스터가 움직이다가 회전해도 떨어지지 않는 모습이나 특이한 모양의 산을 볼 수도 있지요.

이 책에서는 이와 같은 비밀에 다가갈 수 있도록 읽으면 재미있고, 직접 해 보면 즐거운 실험들을 소개합니다. 흔히 '실험'이라고 하면 비커나 시험관 같은 전문적인 실험 도구가 필요하다고 생각하기 쉽지만, 사실은 집이나 주변에서 쉽게 구할 수 있는 물건으로도 실험할 수 있습니다. 부담을 갖지 말고 부모님(보호자)이나 어른과 함께 도전해 보세요. 몇 분 만에 할 수 있는 간단한 실험부터 성취감을 느낄 수 있는 난이도의 실험까지 다양하게 준비하였으니 "해냈어!", "그랬구나!" 하는 감동을 꼭 느끼면 좋겠습니다. 우리 주변에 숨겨진 수수께끼가 하나씩 풀리면, 지금까지 보이지 않던 세상이 새롭게 보일 것입니다.

저자 가와무라 야스후미

### 이 책을 함께 읽는 부모님께

과학의 세계에는 참으로 아름다운 것들이 많습니다. 부디 아이들이 이 아름다운 세계를 관찰할 수 있도록 해 주세요. 우선, 이 책을 아이의 곁에 살짝 놓아두세요. 아이가 책을 집어 드는 순간, 이미 성공입니다. 그 후에 "이 실험을 하고 싶어요.", "저 실험도 하고 싶어요."라는 요청이 파도처럼 밀려올지도 모르지만, 괜찮습니다. 이 책은 집에서도 따라 하기 쉬운 과학 실험들만 엄선하여 소개하고 있기 때문입니다.

그리고 꼭 부모님(보호자)도 함께 실험에 참여해 주세요. 가위를 사용하거나 냄비를 데우는 등의 과정에서는 어른의 도움이 필요하며, 이때 부모님이 곁에서 도와주면, 아이는 스스로 손을 움직여 실험하면서 "해냈어!" 하는 자신감을 키울 수 있습니다. 그렇게 목표를 달성하는 힘과 같은 비인지 능력이 높아지면, 자기긍정감도 높아지고 스스로 학습을 척척 해 나가는 자기주도형 학습자로 성장할 것입니다.

이를 위해서 이 책에서는 각 과학 현상에 대한 힌트가 되는 '키워드'를 알려 주고, '왜 그런 현상이 일어나는가'를 친절하게 설명하여 보다 깊이 있게 실험을 즐길 수 있도록 안내합니다.

아이의 눈에는 보이는 모든 것이 신기하여 "왜요?", "어째서요?"라고 계속 질문합니다. 그와 같은 호기심을 계속 간직한 채 현상과 현상이 연결되는 것을 발견하고, 더 깊이 있는 탐구를 하는 데 이 책이 도움이 되면 좋겠습니다.

어떤 실험부터 시작해도 괜찮습니다. 아이와 함께 깊은 과학의 세계를 즐겨 보세요.

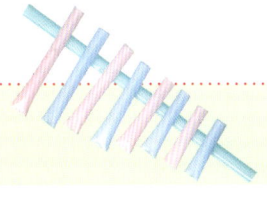

# 목차

## 1장 빛나는 물리 실험 · 9

01 달그락거리며 내려가는 재미있는 **유리구슬 레일** · 10
02 무너지지 않게 쌓는 **빨래집게 탑** · 14
03 딱딱 소리를 내며 움직이는 **뉴턴의 요람** · 18
04 어둠 속에서도 빛나는 **구미의 비밀** · 24
05 미지의 촉감을 실제로 느껴보는 **우블렉** · 28
06 쓱쓱 앞으로 나아가는 **풍선 호버크래프트** · 32
07 더하거나 빼서 색을 입는 **빛** · 38
08 아름다운 물리의 세계로 초대하는 **빨대 물결 모형** · 42

# 2장 변화가 즐거운 화학 실험 ...... 47

01 물에서 헤엄치는 **잉크로 그린 물고기** ...... 48

02 왜 사라지지 않을까? **물속에서도 타는 불꽃** ...... 52

03 이건 도대체 뭐야? **말랑말랑한 슬라임** ...... 56

04 반짝반짝한 보석 같은 **명반 결정** ...... 60

05 주방의 훌륭한 조연이 **우유에 그리는 그림** ...... 66

06 비눗방울 속에 만드는 **또 다른 비눗방울** ...... 70

07 레몬으로 만드는 **레몬 전지** ...... 74

# 3장 식재료를 이용한 맛있는 실험 ...... 79

01 떠오르는 귤, 그리고 가라앉는 **귤** ...... 80

02 여름에도 잘 녹지 않는 **막대 아이스크림** ...... 84

03 집에서도 만들 수 있는 **몽글몽글 온천란** ...... 88

04 2분 만에 만드는 **폭신폭신한 휘핑크림** ...... 92

05 시원하게 즐기는 단단하고 부드러운 **냉 샤브샤브** ...... 96

06 단단한 얼음도 스르륵 깎이는 **폭신폭신한 빙수** ...... 100

07 색깔이 변하는 **자색 고구마 음료** ...... 104

08 차 거름망으로 만드는 **폭신폭신한 솜사탕** ...... 108

# 4장 놀이처럼 재미있는 실험 ······· 113

01 휙 날려라! **다루마 오토시** ······· 114

02 음의 변화가 즐거운 **빨대 피리** ······· 118

03 구슬을 회전시키는 **루프 코스터** ······· 122

04 컵의 바닥부터 **흔들흔들 올라가는 물** ······· 126

05 휘리릭! 색이 변하는 **스테인드글라스** ······· 130

06 인형이 편하게 앉을 수 있는 **해먹** ······· 134

07 집에서도 관찰할 수 있는 **화산** ······· 138

08 이차원에서 펼쳐지는 아름다운 세계 **만화경** ······· 142

# 부록 물을 활용한 간단한 실험 ······· 147

01 사라지는 동전 ······· 148

02 뒤집어도 쏟아지지 않는 물 ······· 150

03 물이 가득 찼는데도 계속 들어가는 구슬 ······· 152

04 얼리는 것만으로도 멋진 장식 ······· 154

05 구멍을 내도 새지 않는 물 ······· 156

## 실험할 때 반드시 주의해야 할 점

**이 책에 있는 실험을 하기 전에 아래 내용을 반드시 확인하세요.**

- 아이 혼자서 실험하지 않도록 하세요. 부모님 또는 보호자(어른)와 함께 실험을 진행합니다.

- 불이나 뜨거운 도구를 사용할 때는 화상을 입거나 화재가 나지 않도록 주의하세요. 실험할 때 불이 붙을 수 있는 물건을 주변에 두지 말고, 불이 났을 때 바로 끌 수 있도록 준비해 두세요. 불을 사용할 때는 불이 있는 곳에서 눈을 떼지 않도록 해야 합니다. 만에 하나 불이 났을 경우, 불이 번지지 않도록 조취한 뒤 119에 신고합니다. 침착하게 실험하는 것이 가장 중요합니다.

- 가루나 먼지가 많은 장소나 폭발의 위험이 있는 장소에서는 절대 실험하지 마세요. 책에는 초를 사용하는 실험도 있는데, 이때 젖은 촛대를 사용하거나 불을 물로 끄면 화재가 날 수 있어 매우 위험합니다. 글루건을 사용하는 경우, 녹은 글루건이 역류하여 불이 날 수 있으므로 사용 전에 반드시 제품 설명서를 잘 읽어 둡니다.

- 자극이 강한 물질을 다룰 때는 손과 눈, 입, 옷에 묻지 않도록 주의합니다.

- 가위나 칼 등의 날카롭고 뾰족한 도구를 다룰 때는 다치지 않도록 주의합니다.

- 조리 도구와 식기, 식품 등을 다룰 때도 안전과 위생에 주의합니다.

이 책의 내용을 따라 한 결과 혹은 실험 과정에서 발생한 사고에 대하여 저자와 출판사가 책임을 지지 않습니다.

## 과학 실험에 필요한 기본적인 실험 도구

아래의 도구들은 각 실험의 '준비물' 목록에 없어도 필요한 경우가 있으니 참고하세요.

**저울**

**계량컵**

**자**

**계량스푼**

**컵과 접시 등의 용기**
계량 시 재료를 올릴 때 필요해요.

**휴대용 가스레인지**
사진과 같은 휴대용 가스레인지보다 주방 가스레인지 사용을 추천해요.

**냄비 받침**
열에 약한 곳에 뜨거운 물건을 올릴 때 사용해요.

**냉장고**
실험에서 냉동실을 사용하는 경우가 있어요.

# 1장

빛나는
물리 실험

# 01 달그락거리며 내려가는 재미있는 유리구슬 레일

**소요 시간 10분**

유리구슬은 이리저리 잘 굴러갑니다. 이런 특징을 잘 보여주는 영상이나 장난감도 다양하지요. 유리구슬이 한 위치에서 다음 위치로, 또 그 다음 위치로 굴러가는 모습이 재미있어서 계속 보게 됩니다.

이번 실험에서는 간단한 재료만으로 유리구슬이 굴러가는 길을 직접 만들어 보겠습니다. 자에 빨래집게를 비스듬히 매달아 레일을 만들기만 하면 됩니다. 그러고 나서 자 위에 유리구슬을 살짝 올린 후 자를 오른쪽, 왼쪽으로 기울이면서 유리구슬의 진행 방향을 바꾸면 유리구슬이 달그락달그락 소리를 내며 경사면을 따라 내려갑니다.

비스듬한 면에 유리구슬을 올려놓으면 아래로 굴러 내려가는 게 당연하지만, 왜 유리구슬이 굴러가는지, 그 원리를 생각해 보세요. 그 원리를 이해하면 유리구슬 레일을 만들기가 더 즐거워지고, 내 마음대로 유리구슬의 움직임을 다룰 수 있게 돼요. 바로 도전해 보세요!

**키워드** 중력, 만유인력의 법칙, 가속, 반동

# 유리구슬 레일 만들기

### 준비물

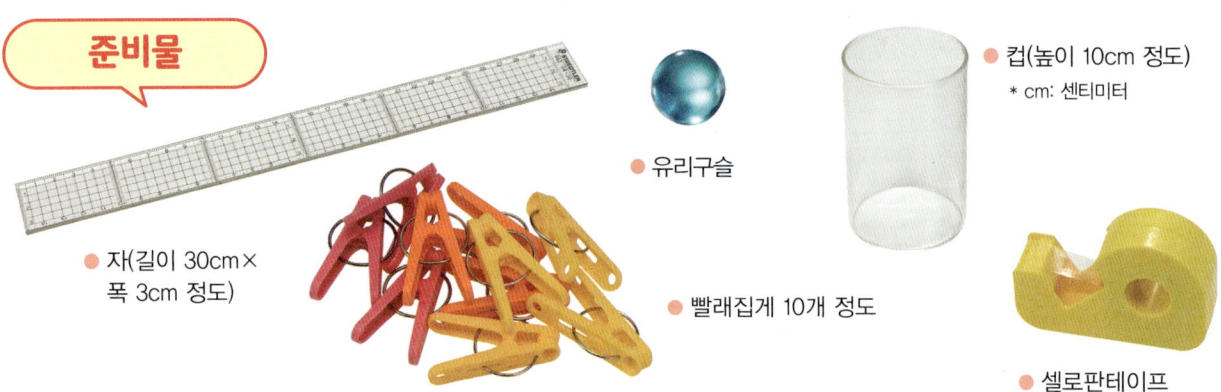

- 자(길이 30cm× 폭 3cm 정도)
- 유리구슬
- 빨래집게 10개 정도
- 컵(높이 10cm 정도)
  * cm: 센티미터
- 셀로판테이프

### 실험 순서

 빨래집게로 손가락을 집지 않도록 조심하세요.
만약 유리구슬이 튀어도 문제가 없을 장소에서 실험하세요.

**1** 자의 아랫부분에 빨래집게 2개를 단다. 집게의 끝이 서로 마주보게 닿도록 하여 내려오는 유리구슬이 이곳에서 멈추게 한다.

**2** 자의 오른쪽과 왼쪽 부분에 빨래집게를 번갈아 단다. 빨래집게가 아래쪽을 향하도록 조금 비스듬히 단다.

**3** 같은 방식으로 자의 아래 절반 부분에 빨래집게를 단다.

**4** 자의 나머지 위 절반 부분에는 빨래집게와 자가 이루는 각도를 크게 하여 비스듬히 단다.

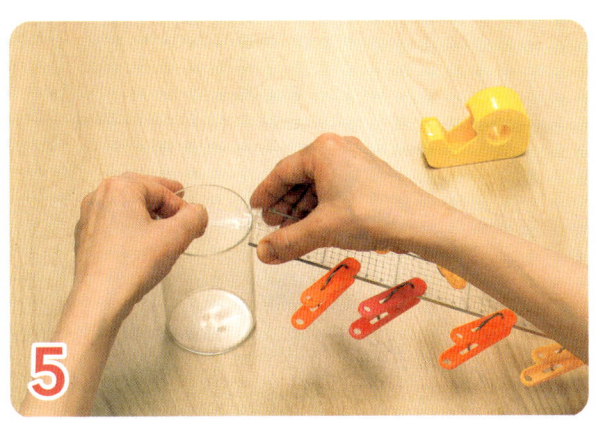
⑤ 셀로판테이프로 자의 윗부분을 컵에 고정한다.

⑥ 자의 윗부분에 유리구슬을 살짝 올려놓고 손을 뗀다.

## 숨은 과학 원리 — 유리구슬은 왜, 어떻게 움직일까?

실험에서 유리구슬이 달그락달그락 소리를 내며 아래로 내려갔어요. 지상에 있는 물체는 모두 손이나 책상, 선반 같은 받침대가 없으면 아래로 떨어지지요. 그 이유는 지구의 중력에 의해 모든 물체가 지구의 중심 방향으로 끌려가기 때문이에요.

모든 물체 사이에는 서로 끌어당기는 힘이 작용하는데, 이를 '만유인력의 법칙'이라고 해요. 지구와 유리구슬도 서로 끌어당기지만, 지구가 훨씬 무겁기 때문에 마치 유리구슬만 지구의 중심 쪽으로 내려가는 것처럼 보이는 것이랍니다.

이 실험에서는 유리구슬이 아래로 굴러가면서 점점 속도가 빨라져요. 처음에 천천히 내려가던 유리구슬이 빨래집게 쪽에서 튀어 오르며 달그락달그락 내려가는 모습을 관찰할 수 있어요. 이처럼 유리구슬은 경사면을 따라 내려가면서 점점 속도가 빨라지기 때문에 그대로 두면 빨래집게에 부딪혀 경로를 벗어날 확률이 높아요. 그래서 유리구슬이 굴러가는 방향에 맞게 빨래집게의 각도를 조절해 단 거예요.

만약 10센티미터(cm) 정도의 높이에서 유리구슬을 출발시켰다면, 이번에는 더 높은 곳이나 더 낮은 곳에서 유리구슬을 출발시켜 보세요. 어떤 차이가 있을까요? 스마트폰 등으로 동영상을 찍어 비교해 보세요.

# 02 무너지지 않게 쌓는 빨래집게 탑

**소요 시간 30분**

　세계에는 하늘을 찌를 듯이 높은 건축물과 구조물이 아주 많습니다. 이집트에 있는 높이 146.6미터(m)의 '쿠푸왕의 피라미드'는 약 4,500년 전에 만들어졌어요. 그리고 현재 세계에서 가장 높은 빌딩은 두바이에 있는 높이 829.9미터의 '부르즈 할리파'이며, 세계에서 가장 높은 탑은 높이 634미터인 '도쿄 스카이 트리'예요(2024년 기준). 지금도 세계 곳곳에서는 더 높은 건물을 세우기 위한 경쟁이 계속되고 있어요.

　사람들은 왠지 물건을 높게 쌓아 올리는 것을 좋아하는 것 같아요. 여러분도 블록을 높이 쌓거나 카드로 탑을 세워 본 적이 있지 않나요?

　이번에는 빨래집게와 나무 막대만으로 높은 탑을 세워 볼 거예요. 실험에 사용할 나무 막대는 커피를 저을 때나 아이스크림 막대로 사용하는 것으로, 요즘은 생활용품점에서도 쉽게 구할 수 있어요. 빨래집게와 나무 막대가 무너지지 않도록 쌓아 올리려면 어떻게 해야 할지 생각해 보며 실험해 보세요.

 **키워드**　안정, 중심, 중력의 작용선

# 빨래집게 탑 쌓기

**준비물**

- 나무 막대 12개 이상

- 빨래집게 12개 이상

**실험 순서**  빨래집게로 손가락을 집지 않도록 조심하세요.
빨래집게 탑이 무너져도 괜찮은 장소에서 실험하세요.

**1** 나무 막대 양 끝에 각각 빨래집게를 매단다. 같은 방법으로 모두 6벌 이상 만든다.

\* 나무 막대의 양 끝이 남지 않도록 빨래집게로 집는다.

**2** 1에서 만든 2벌을 평행하게 놓고, 그 위에 다리를 놓듯이 나무 막대를 평행하게 올린다. 가장 아랫부분의 기초가 된다.

**3** 2에서 올린 나무 막대 2개 위에 1에서 만든 2벌을 올린다. 마찬가지로 2개의 나무 막대를 다리처럼 올린다.

**4** 2~3을 반복하며 무너지지 않게 쌓아 올린다.

## 위로 높게 쌓아 올리는 방법

여러분은 나무 막대를 몇 단까지 쌓아 올렸나요? 높게 쌓을수록 조금만 위치가 어긋나도 탑이 흔들리지 않았나요? 반면에 아래 사진처럼 종이컵을 쌓는 것은 훨씬 간단해요. 그렇다면 이번에 만든 빨래집게 탑과 종이컵 탑의 차이점은 무엇일까요?

빨래집게 탑과 종이컵 탑의 아랫부분을 자세히 살펴보세요. 건물을 지을 때도 마찬가지로 건물의 아래쪽과 지면(땅)에 닿는 부분이 넓을수록 구조가 더 안정적이에요. 이번 실험의 빨래집게 탑은 빨래집게 손잡이의 끝부분만 바닥에 닿아 있어 균형이 조금이라도 무너지면 쉽게 쓰러져요. 그래서 이 균형을 확실하게 잡는 것, 즉 중심을 잘 유지하는 것이 중요합니다.

모든 물체는 쓰러지거나 기울어지거나 회전하지 않고 안정되게 유지할 수 있는 점을 갖고 있어요. 이것이 '중심'입니다. 이 중심에서 그 물체 전체에 가해지는 중력을 화살표로 나타냈을 때, 그 연장선을 '중력의 작용선'이라고 해요. 중력의 작용선이 빨래집게 탑과 같은 구조물 밖으로 나오면 구조물은 균형을 잃고 무너지게 돼요. 이번 실험에서는 빨래집게와 나무 막대를 높이 쌓을수록 중심이 점점 위로 올라가 중력의 작용선이 구조물 밖으로 나오기 쉬워집니다. 하지만 중력의 작용선이 구조물 밖으로 나오지만 않는다면, 아랫부분의 구조가 무너지지 않는 한 계속 위로 쌓아 올릴 수 있어요.

가장 아래에 있는 종이컵의 마시는 부분 전체가 바닥에 닿아 있고, 그 위에 쌓은 종이컵은 바로 아래 있는 종이컵과 네 곳이 점으로 맞닿아 있다.

### 중심과 중력, 중력의 작용선

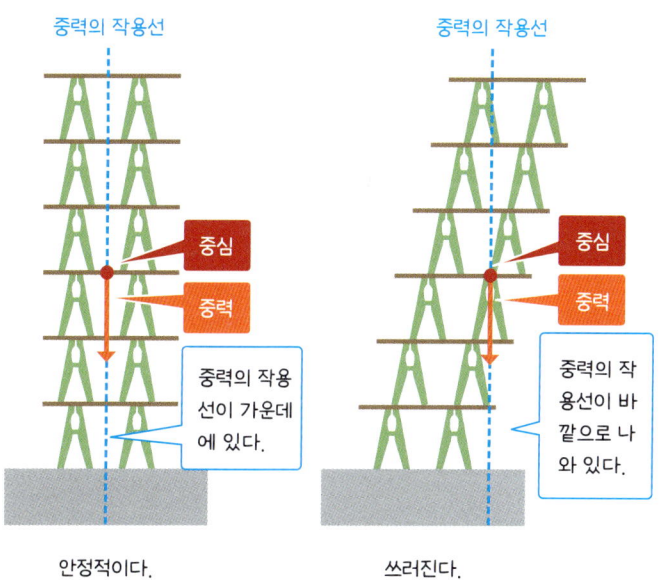

안정적이다. / 쓰러진다.

17

# 03 딱딱 소리를 내며 움직이는 뉴턴의 요람

소요시간 **2**시간

'뉴턴의 요람(또는 뉴턴의 진자)'이라는 아름다운 장식물을 가게에서 본 적이 있나요? 사실 이것은 원래 실험 장치였어요. 17세기의 물리학자인 에듬 마리오트가 고안했다고 알려져 있어요. '운동의 법칙'과 '만유인력의 법칙' 등을 확립한 아이작 뉴턴의 이름을 따서 '뉴턴의 요람'이라는 이름으로 널리 알려지게 되었죠.

뉴턴의 요람에는 같은 길이의 진자가 여러 개 매달려 있으며, 쇠구슬들이 서로 닿도록 나란히 달려 있어요. 가장 끝에 있는 구슬을 손으로 살짝 들어 올렸다가 놓으면, 구슬끼리 딱딱 소리를 내며 운동을 시작하여 제멋대로 계속 이어져요. 그 모습을 보고 있기만 해도 마음이 차분해지는 기분이 들죠.

뉴턴의 요람은 대부분 금속으로 만들어지지만, 이번 실험에서는 우리에게 친숙한 유리구슬과 나무 막대를 이용해 직접 만들어 보고, 그 움직임을 관찰해 볼게요. 만약 다음 내용이 어렵게 느껴진다면, 23쪽에서 소개하는 간단한 실험으로도 같은 원리를 체험할 수 있어요.

**키워드** 운동량, 속도, 충돌

# 뉴턴의 요람 만들기

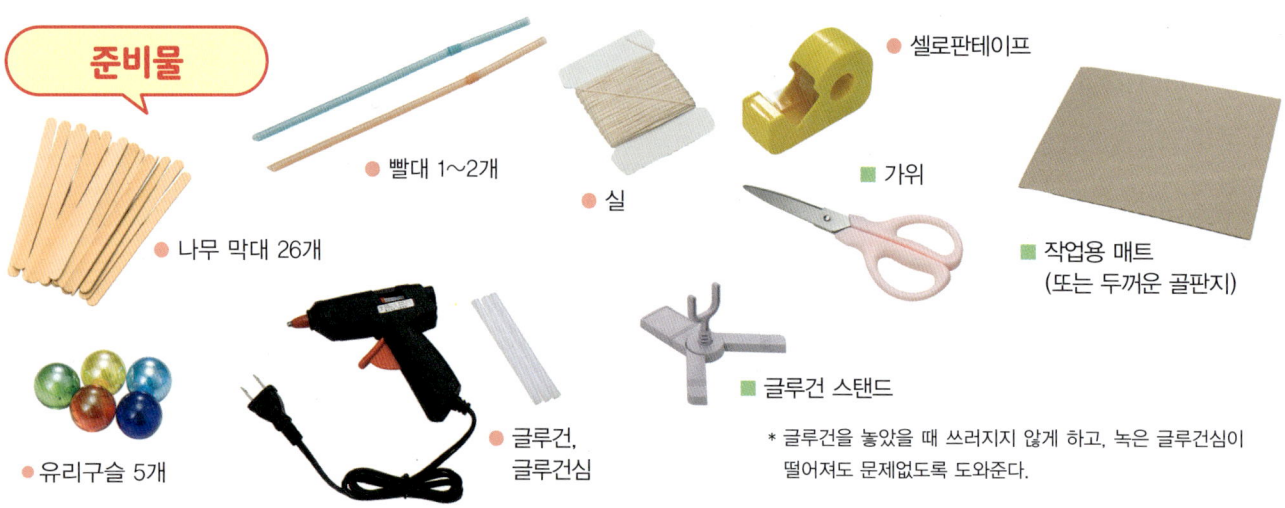

**준비물**
- 나무 막대 26개
- 빨대 1~2개
- 실
- 셀로판테이프
- 가위
- 작업용 매트 (또는 두꺼운 골판지)
- 유리구슬 5개
- 글루건, 글루건심
- 글루건 스탠드

\* 글루건을 놓았을 때 쓰러지지 않게 하고, 녹은 글루건심이 떨어져도 문제없도록 도와준다.

**실험 순서**

⚠ 날카로운 도구를 다룰 때는 주의하세요.
글루건과 글루건심은 뜨거워지므로 화상을 입지 않게 주의하세요. 떨어지거나 흘러내린 글루건심을 맨손으로 만지지 마세요. 녹은 글루건심이 역류하지 않도록 항상 아래 방향을 향하게 하고, 전원 플러그는 자주 뽑아 주세요.

**1** 빨대를 5mm 길이로 자른다. 같은 길이로 총 5개를 만든다.

\* mm: 밀리미터

**2** 글루건을 사용하여 **1**을 한 개씩 유리구슬에 붙인다.

**3** 실을 30cm 길이로 자른다. 같은 길이로 총 5개를 만든다.

**4** **2**의 빨대에 **3**에서 만든 실을 통과시킨다. 진자가 완성된다.

나무 막대 4개로 사각형 틀을 만든다. 2개를 평행하게 두고, 나머지 2개를 끝에 걸쳐서 글루건으로 붙인다.

5와 같은 틀을 하나 더 만든다.

나무 막대 3개를 겹쳐 붙여 두껍게 만든다. 나무 막대 1개를 평평하게 놓고 그 위에 1개를 평평하게 쌓아 올려서 글루건으로 붙인다. 그 위에 또 한 개를 겹쳐서 붙인다. 이렇게 하면 단단한 나무 막대를 만들 수 있다.

5에서 만든 사각형 틀을 놓고, 위쪽의 두 변에 7에서 만든 두꺼운 나무 막대를 1개씩 글루건으로 붙인다. 6에서 만든 사각형 틀의 테두리에도 같은 방법으로 붙인다.

8에서 붙인 두꺼운 나무 막대 양 끝 옆면에 새로운 나무 막대를 각각 1개씩 붙여 총 4개의 기둥을 세운다.

남은 8의 틀에서 두꺼운 나무 막대의 옆면 끝에 녹인 글루건심을 바른다.

**11** 9와 10을 글루건으로 붙여 정육면체 형태로 만든다.

**12** 11에서 만든 정육면체의 위쪽 두 변에 4에서 만든 진자의 실의 양 끝을 각각 셀로판테이프로 붙인다.

**13** 12에서 고정한 유리구슬과 같은 높이로 나머지 유리구슬들이 나란히 맞닿을 수 있게 매단다.

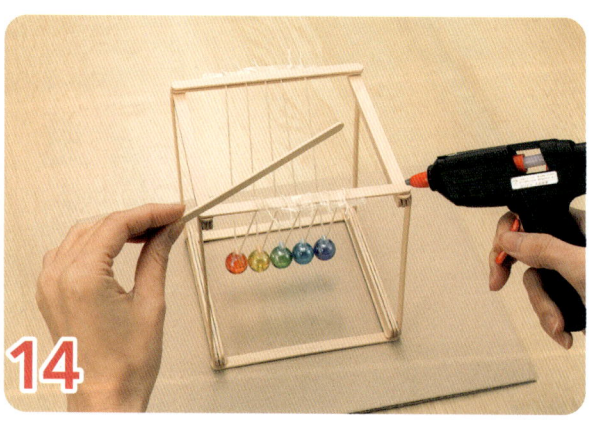

**14** 정육면체 바깥으로 나온 실을 잘라 정리하고, 그 위에 새 나무 막대를 글루건으로 붙여 셀로판테이프를 붙인 부분이 보이지 않도록 깔끔하게 마무리한다.

＊높이나 간격이 잘 맞는지 확인하고 싶다면 15~16을 해 보며 조절한다.

**15** 유리구슬을 양손 사이에 두고, 일직선으로 늘어서도록 한다.

**16** 맨 끝에 있는 유리구슬을 정육면체 바깥쪽으로 가볍게 끌어당기듯이 손으로 들어 올렸다가 놓는다.

## 숨은 과학 원리: 딱딱 소리가 나는 이유

맨 끝에 있는 유리구슬을 손으로 들어 올렸다가 놓으면, 옆의 유리구슬에 부딪힌 후 반대쪽 끝에 있던 유리구슬이 튀어 올라요. 세게 부딪혀도 튀어 오르는 유리구슬은 한 개뿐이에요. 유리구슬 두 개를 동시에 들어 올렸다가 놓으면, 이번에는 반대편 끝에 있는 유리구슬 두 개가 함께 튀어 올라요. 왜 이런 현상이 일어나는 걸까요?

움직이는 유리구슬과 멈춰 있는 유리구슬의 무게(질량)는 같아요. 구슬들이 부딪힐 때, 움직이던 유리구슬이 갖고 있던 운동량이 멈춰 있는 유리구슬 쪽으로 이동해요. 이때 '운동량'이란 움직이고 있는 물체가 가지고 있는 힘의 크기예요. 물체가 빠르게 움직일수록, 무게가 무거울수록 운동량은 커져요.

맨 끝에 있는 유리구슬 한 개가 초속 2미터(m)의 속도로 옆의 유리구슬에 부딪힌다고 가정해 봅시다. 옆의 유리구슬은 처음에는 속도가 0, 즉 멈춰 있어요. 충돌 후에 양쪽은 초속 2미터로 멀어져요. 이때 맨 끝의 유리구슬에서 옆의 유리구슬로 운동량이 이동하고, 맨 끝의 유리구슬은 속도가 0이 되며 멈춰요. 맨 끝의 유리구슬과 부딪힌 옆의 유리구슬은 초속 2미터로 다시 그 옆의 유리구슬에 부딪힙니다. 이것이 계속 반복되어 가장 마지막에 있는 유리구슬이 초속 2미터의 속도로 튀어 오르는 것이죠.

이후에는 반대 방향(역방향)으로도 같은 일이 반복되면서 구슬들이 '딱딱' 소리를 내며 왕복 운동을 합니다. 다만 공기의 저항 등으로 인해 속도는 서서히 줄어들다가 결국 멈추게 되죠. 유리구슬 두 개를 함께 떨어뜨리면 그 옆의 유리구슬 두 개가 다시 부딪히고, 반대쪽 유리구슬 두 개가 함께 튀어 오릅니다. 구슬치기 놀이도 바로 이와 같은 실험 원리로 설명할 수 있어요.

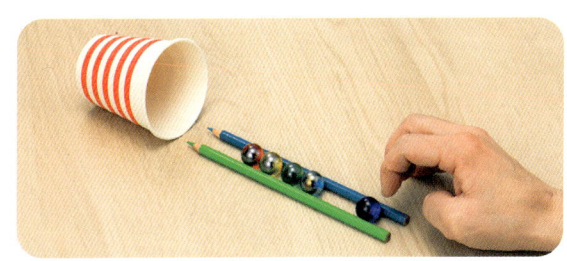

두 개의 연필(잘 굴러가지 않는 것) 사이에 여러 개의 구슬을 사진과 같이 줄지어 놓는다.

나에게 가장 가까이 있는 유리구슬을 손가락으로 튕기면 가장 안쪽 끝에 있는 유리구슬만 튀어 나가 종이컵 속으로 들어간다.

# 04 어둠 속에서도 빛나는 구미의 비밀

소요 시간 **2시간**

요즘은 자외선(UV-A)을 내는 조명인 '블랙라이트'를 예전보다 쉽게 구할 수 있어요. 블랙라이트에서 나오는 자외선은 UV레진이라는 액체 수지를 굳혀 액세서리 등으로 만들 때 사용하기도 하고, 형석(플루오라이트) 같은 광물이 빛을 내는지 확인하는 데 사용하기도 해요. 또한 물고기에 비추어 기생충이나 작은 해충을 찾는 등 다양한 용도로도 사용되고 있어서 투명 잉크가 나오는 '비밀펜'이나 '매직펜'에는 블랙라이트가 함께 달려 있어요. 이 펜으로 글씨를 쓰면 평소에는 눈에 보이지 않지만, 블랙라이트를 비추면 빛을 내기 때문에 비밀 편지 놀이를 할 때 사용해요.

이러한 물건들은 일반 전등을 비추면 빛을 내지 않는데, 왜 블랙라이트를 비추면 빛을 내는 걸까요? 이번 실험에서는 빛나는 구미*를 만들어서 그 비밀을 풀어볼 거예요. 단, 실험할 때 블랙라이트의 빛이 직접 눈에 들어가지 않도록 주의하세요.

* 젤리와 구미는 조금 다르다. 둘 다 젤라틴을 사용하는 것은 같지만 포함된 수분의 양이 다르다. 젤리는 보통 젤라틴 5그램(g)에 물 250밀리리터(mL)를 넣지만, 구미의 수분량은 3분의 1 이하이다. 수분량이 적기 때문에 젤리보다 딱딱하고 탄력이 있어 씹는 맛이 있다.

💡 **키워드**  자외선, 형광, 응고제

# 빛을 내는 구미 만들기

### 준비물

- 비타민 음료 100mL (비타민 B$_2$가 포함된 것)
- 젤라틴 가루 10g
- 작은 냄비
- 온도계
- 실리콘 주걱
- 블랙라이트
- 랩
- 실리콘 틀
- 작은 접시

### 실험 순서

⚠️ 불을 다룰 때는 반드시 주의하세요.
블랙라이트의 빛을 직접 눈에 비추거나, 다른 사람에게 맞추지 마세요.

**1** 비타민 음료를 작은 냄비에 넣어서 중불로 끓이고, 80도가 되면 불을 꺼 끓어오르지 않도록 한다.

**2** 젤라틴 가루를 조금씩 넣으면서 섞는다.

**3** 실리콘 틀에 넣어 그대로 식힌 후 랩을 씌워 냉장고에 넣어 차갑게 한다. 굳으면 틀에서 꺼낸다.

**4** 방을 어둡게 하고, 블랙라이트의 빛을 비춰 본다.

\* 실험에서 만든 구미는 약 25도 이상의 온도에서 잘 녹기 때문에 더운 날에는 시원한 곳에서 실험하는 것이 좋다.

## 블랙라이트로 볼 수 있는 물질

우리 눈이 볼 수 있는 빛은 보라색부터 파란색, 녹색, 노란색, 빨간색으로 이어지는 가시광선이에요. 이 색들은 파동(43쪽 참고)*의 성질을 가지고 있지만, 그 모양은 눈에 보이지 않아요. 왜냐하면 빛의 파장이 400~780나노미터(nm) 정도로, 0.001밀리미터(mm)에도 미치지 않는 작은 파동이기 때문이죠. 우리 눈에 보이지 않는 '자외선'은 보라색보다 더 짧은 100~400나노미터 정도의 파장을 가진 빛으로, 블랙라이트는 이 자외선을 내보내요. 블랙라이트는 365나노미터 또는 395나노미터의 파장을 사용하는데, 둘 다 가시광선보다 강한 에너지를 가지고 있어서 직접 눈에 비추면 위험하답니다.

이번 실험에 사용한 비타민 음료에 들어있는 비타민 $B_2$는 365나노미터의 자외선을 받으면 530나노미터의 녹색 빛을 내요. 이 현상을 '형광'이라고 불러요. 비타민 $B_2$에는 자외선을 흡수해 에너지를 얻고, 그 에너지를 형광으로 다시 방출하는 성질이 있어요. 그래서 이번 실험에서 구미에 블랙라이트를 비추면 구미가 녹색에 가까운 색으로 빛났던 것입니다. 비타민 음료 자체도 빛을 내지만, 구미처럼 작은 고체 형태일 때 빛을 내기 더 쉬워요.

구미의 또 다른 재료는 부드럽고 탱탱한 젤리를 만드는 데에도 사용하는 젤라틴입니다. 구미는 젤리보다 수분이 적고, 씹는 맛이 있어요. 구미와 젤리 같은 종류를 독일어로는 '겔(Gel)', 영어로는 '젤'이라고 불러요. 또, 한천으로 만든 디저트, 곤약 푸딩 등도 비슷한 종류예요. 이들은 모두 응고제(87쪽 참고)나 응고성이 있는 재료를 이용하여 만들어요.

* 파동은 위로 볼록한 '마루'와 아래로 볼록한 '골'이 교대로 이어진 형태이다. 파장은 마루와 마루 사이의 간격을 말한다.

### 다양한 빛과 파장

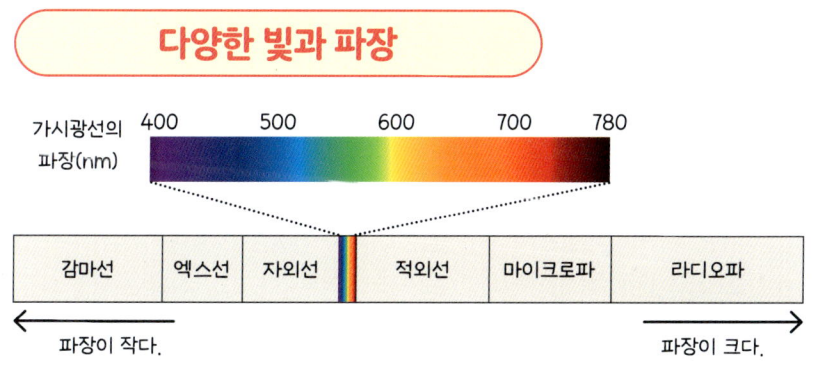

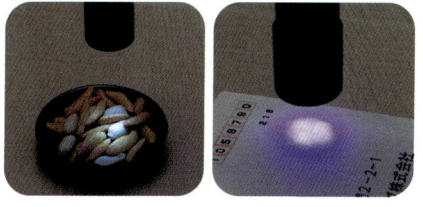

일본의 대중적인 간식인 '카키노타네'(왼쪽)나 우편물에 찍힌 바코드(오른쪽) 등을 블랙라이트로 비추면 빛이 난다.

# 05 미지의 촉감을 실제로 느껴보는 우블렉

⏱ 소요시간 30분

💡 **키워드** 다일레이턴시(비뉴턴 유체), 불용성, 고체, 액체

녹말가루, 옥수수 전분, 타피오카 전분 등으로 과자를 만들 때, 물의 양이나 섞는 순서를 제대로 지키지 않으면 반죽을 계속 해도 잘 뭉쳐지지 않는 경우가 있어요. 손에 힘을 주어서 쥐면 단단해지지만, 손을 펴면 액체 상태로 변하며 흘러나옵니다. 계속 손으로 쥐고 있으면 단단해져서 손이 아프지만 무척 신기한 촉감을 느낄 수 있어요.

이와 같은 물질의 성질을 '다일레이턴시'라고 하며, 이러한 성질을 띤 물질을 '비뉴턴 유체'라고도 해요. 흔히 '우블렉'이라고도 하죠. 이번 실험에서는 이 신기한 유체를 만들어 볼게요. 그냥 녹말가루와 물을 섞기만 하면 된답니다. 원한다면 좋아하는 색을 넣어 만들어 봐도 재미있을 거예요.

# 우블렉 만들기

**준비물**

- 녹말가루 150g
- 물 100mL
- 식용 색소
- 숟가락
- 깊이가 있는 쟁반

**실험 순서**

⚠️ 실험을 한 후 우블렉(다일레이턴시 유체)을 배수구에 바로 버리지 마세요. 하수구가 막히는 원인이 된답니다. 신문지나 휴지로 닦아 물기를 없애고 일반쓰레기로 버리는 것이 좋아요.

1. 물에 식용 색소를 넣어서 잘 섞는다.

2. 녹말가루를 쟁반에 넣는다.

3. 2에 1을 조금씩 넣으며 덩어리가 생기지 않도록 손으로 섞는다.

4. 녹말가루와 물이 골고루 섞일 때까지 섞는다.

손바닥에 올리고 강하게 꽉 쥐어본다.

쥐었던 손을 펴본다.

## 숨은 과학 원리 : 같은 물질인데 성질이 바뀌는 이유

대부분의 녹말가루는 감자 전분으로 만들며, 물에 잘 녹지 않는 '불용성' 식품이에요. 하지만 물을 섞고 가열하면 전분이 물을 흡수하면서 부풀어 올라 걸쭉한 상태인 '호화 상태'가 돼요. 그래서 달걀 스프나 팔보채 같은 걸쭉한 요리에 전분을 사용해요.

이번 실험에서 사용한 녹말가루는 물에 녹지 않고 작은 알갱이(입자) 형태로 물에 남아요. 그래서 손에 꽉 쥐면(힘을 주면) 수분이 밖으로 밀려나오면서 녹말가루 입자들의 틈이 좁아지고, 그 결과 고체처럼 단단해져요. 하지만 그 힘을 다시 빼면 수분이 녹말가루 입자들의 틈으로 스며들어 액체 상태가 돼요.

우블렉(비뉴턴 유체)의 표면을 숟가락으로 빠르게 두드려 보세요. 단단한 느낌이 들지 않나요? 하지만 아주 천천히 누르면 걸쭉하게 숟가락이 가라앉아요. 이러한 현상도 같은 이유입니다.

이런 비뉴턴 유체(다일레이턴시) 현상은 자연에서는 거의 볼 수 없어요. 보통은 자동차가 건조한 모래사장 위를 달리면 타이어가 모래에 빠져 움직이지 못하지만, 약간 물기가 있는 모래사장이나 갯벌에서는 자동차가 빠르게 지나갈 때, 그 충격으로 인해 모래가 순간적으로 단단해져서 파도가 높거나 물이 차 있는 위험한 경우가 아니라면 그 위를 달릴 수 있어요.

# 06 쓱쓱 앞으로 나아가는 풍선 호버크래프트

소요 시간 **30분**

장난감 자동차의 뒤쪽을 손으로 밀거나, 구슬을 손가락으로 튕기면 앞으로 나아가요. 하지만 조금 나아가다가 멈춰요. 왜냐하면 바닥과 장난감이 맞닿는 부분에서 생기는 '마찰' 때문이에요.

그렇다면 마찰을 줄여서 더 앞으로 잘 나아가는 장난감을 만들 수 있다면 어떨까요? 그 힌트는 '호버크래프트(공기부양정)'에서 얻을 수 있어요. 호버크래프트는 시속 100킬로미터(km)의 속도로 바다 위를 나아갈 수 있고, 일반적인 배로는 갈 수 없는 얕은 강이나 습지에서도 움직일 수 있어요.

호버크래프트는 어떤 구조로 만들어졌기에 마찰을 줄이고 파도의 영향을 받지 않는 걸까요? 이번 실험에서 쓱쓱 앞으로 나아가는 장난감을 직접 만들면서 생각해 보세요.

**키워드**  마찰, 운동 제1법칙(관성의 법칙)

# 풍선 호버크래프트 만들기

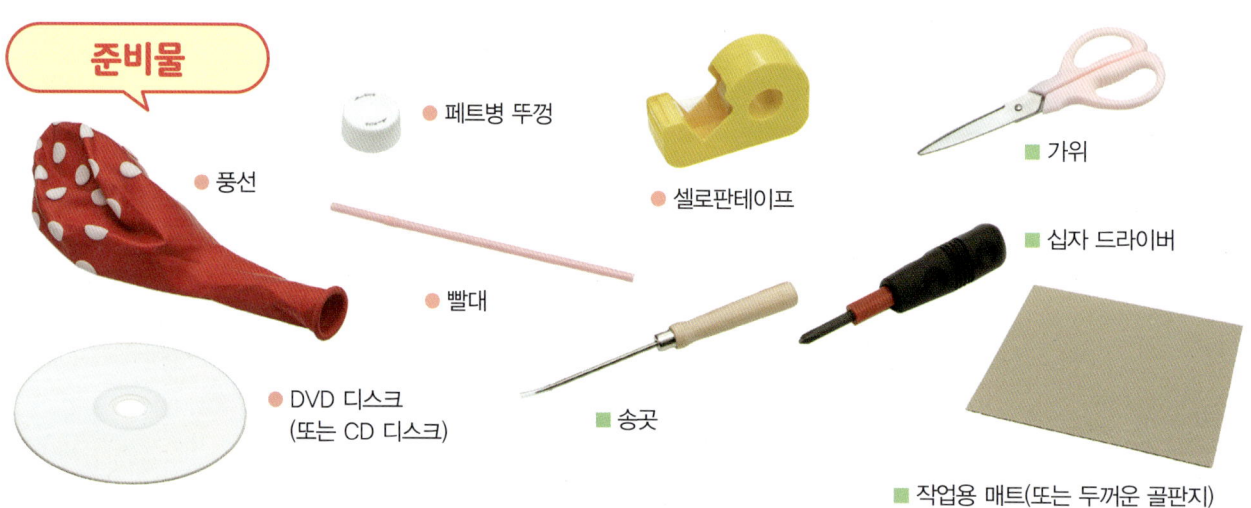

**준비물**: 풍선, 페트병 뚜껑, 셀로판테이프, 가위, 빨대, 십자 드라이버, DVD 디스크(또는 CD 디스크), 송곳, 작업용 매트(또는 두꺼운 골판지)

**실험 순서**

⚠️ 날카로운 도구를 다룰 때는 주의하세요.
호버크래프트가 진행하는 방향의 주변에 물건을 놓지 말고, 억지로 세우지 마세요.

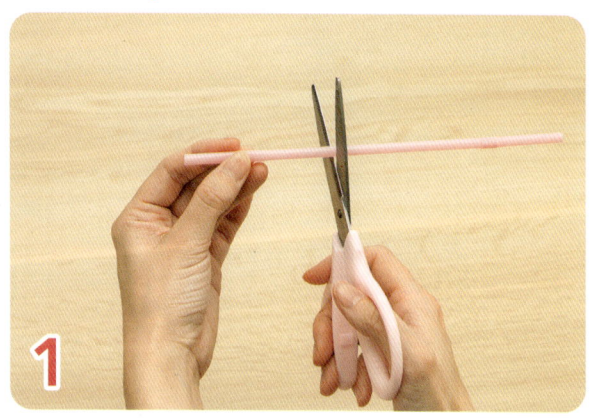

1. 빨대를 약 5cm 길이로 자른다.

2. 풍선의 입구를 가위로 자른다.

3. 1에서 만든 빨대를 2의 풍선에 끼우고, 풍선과 빨대를 셀로판테이프로 고정시킨다.

4. 송곳으로 페트병의 뚜껑에 구멍을 뚫는다.

4에 드라이버를 넣어 빨대가 지나갈 수 있을 만큼 구멍을 넓힌다.

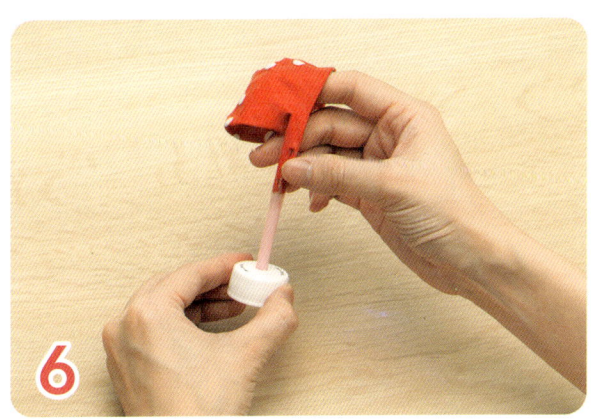

빨대가 구멍을 통과하는지 확인한다.

DVD 디스크 가운데에 6의 뚜껑을 테이프로 단단히 붙인다.

디스크를 뒤집어 구멍 주변에 테이프를 붙여서 구멍을 작게 한다. 공기가 조금 통할 정도의 틈을 가운데에 남긴다.

풍선을 불어 부풀린 다음, 손가락으로 빨대를 잡아 공기가 새지 않도록 한다.

9의 빨대를 뚜껑의 구멍에 끼워 넣는다. 받침대 위에서 풍선과 디스크를 살짝 눌러 본다.

## 숨은 과학 원리: 앞으로 쓱쓱 나아가는 이유

DVD 디스크를 받침대 위에 올려놓고 밀면 살짝 앞으로 움직여요. 이번에는 디스크의 구멍을 셀로판테이프로 막고 밀어 보세요. 쏙 앞으로 움직이죠. 디스크와 받침대 사이에 공기가 들어가면서 살짝 공중에 떠올라 마찰이 줄어들었기 때문이에요.

이 실험에서 디스크가 더 오래 앞으로 움직일 수 있도록 풍선에서 나오는 공기를 이용하여 받침대로부터 디스크를 더 띄워서 미끄러지게 했어요. 마찰이 줄어들기 때문에 풍선 호버크래프트가 더 오래 움직이는 거예요.

움직이는 물체는 외부로부터 힘이 작용하지 않는 한, 방향과 속도를 바꾸지 않고, 움직이던 방향과 속도로 계속 움직여요. 이것을 '운동 제1법칙'이라고 하며 '관성의 법칙'이라고도 해요. 달리는 것은 계속해서 달리려는 성질이죠.

호버크래프트는 물 위에서 공기의 힘으로 선체를 공중에 띄워 주행하는 배예요. 물에 배가 잠기면 큰 저항을 받아서 앞으로 나아가기 어렵기 때문에 가능한 한 물 위로 배를 띄워서 저항을 줄이는 거죠. 비슷한 예로 자기부상열차는 자석의 힘을 이용하여 차체를 공중에 띄워 달려요. 방법은 다르지만, 두 경우 모두 빠른 속도로 달리기 위해 마찰을 줄이는 점이 같답니다.

### 풍선 호버크래프트의 구조

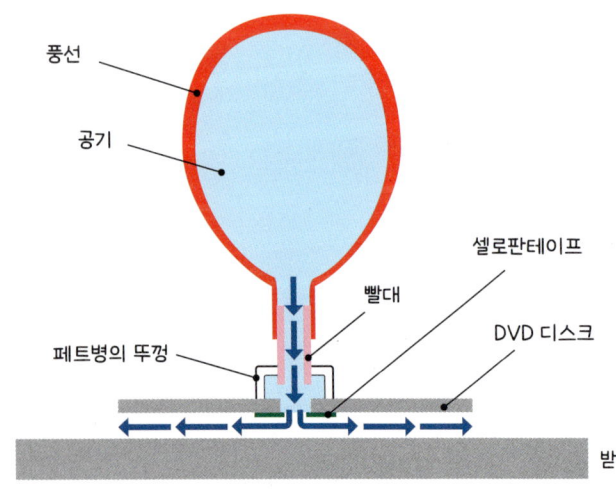

일본의 호버크래프트. 내부에 있는 프로펠러로 빨아들인 공기를 배 아랫부분의 좁은 틈으로 보내 선체를 띄운다.

### 잠깐 실험!

# 벽에 달라붙는 풍선

사진에서는 풍선이 바닥에 떠 있는 것처럼 보이지만, 벽과 풍선 사이에는 단지 공기만 있을 뿐, 테이프나 실을 사용하지 않았어요. 정전기 때문에 벽에 붙어 있는 거예요.

### 준비물

- 물풍선 6개
- 극세사 행주
- 풍선용 공기 주입기
- 양면테이프

### 실험 순서

1. 풍선을 불고 입구를 묶는다. 부풀린 풍선에 그림과 같이 양면테이프를 붙인다.
2. 극세사 행주로 풍선을 힘주어 문지른다.
3. 벽과 천정, 선반 등에 풍선을 눌러 붙여본다.

풍선용 공기 주입기가 있으면 풍선을 쉽게 불 수 있다.

### 잠깐만요

물체끼리 서로 문지르면, 어떤 것은 '+(플러스) 전기'를 띠고, 어떤 것은 '-(마이너스) 전기'를 띠어요. 예를 들어, 부풀린 풍선(고무)은 원래 전기적으로 거의 중성이에요. 하지만 극세사 행주로 문지르면 풍선이 +전기를 띱니다.
한편, 벽은 전기적으로 중성이지만, +전기를 띤 풍선을 가까이 대면 벽의 표면에 −전기가 생깁니다. 이때, 풍선의 +전기와 벽의 −전기가 서로 끌어당기면서 풍선이 벽에 달라붙는 것입니다.

극세사 행주로 풍선을 닦듯이 문지른다.

## 07 더하거나 빼서 색을 입는 빛

소요시간 30분

요즘에는 기차역이나 빌딩, 성 등에 컴퓨터 그래픽(CG) 이미지나 영상을 비추는 다양한 '프로젝션 매핑'이 제작되면서, 거리에서도 쉽게 구경할 수 있게 되었어요. 이 밖에도 영상을 활용한 예술 전시나 조명을 효과적으로 활용한 무대 등을 쉽게 접할 수 있게 되었죠. 이때 수백 가지의 색을 한꺼번에 표현하거나, 그림자에 색을 더하면서 관람객이 놀라운 경험을 즐길 수 있게 해줘요. 하지만 실제로는 사용된 조명의 색이 몇 가지 되지 않는 경우도 많아요. 왜냐하면 빛을 더하거나 빼는 것만으로도 여러 가지 색을 나타낼 수 있기 때문이에요.

빛이 색을 만드는 원리를 집에서 간단한 실험으로 알아보세요. 그림물감을 팔레트 위에서 섞을 때와는 전혀 다른 경험을 해 볼 수 있을 거예요.

**키워드**    RGB, 빛의 삼원색, 가색 혼합(또는 가법 혼색), 그림자

# 빛을 더하고 빼기

### 준비물

- LED 조명 3개
- 빨간색, 녹색, 파란색 셀로판지 각 1장씩
- 흰색 장식물
- 흰 종이(또는 흰 벽)
- 셀로판테이프
- 가위

### 실험 순서

 날카로운 도구를 다룰 때는 주의하세요.
LED 조명의 빛이 오랜 시간 직접 눈에 들어가지 않도록 주의하세요.

**1** 세 가지 색의 셀로판지를 LED 조명에서 빛이 나오는 부분보다 큰 크기로 각 4장씩 자른다.

**2** 1에서 준비한 셀로판지 중 같은 색 4장을 겹쳐 조명의 끝에 씌우듯이 고정한다. 나머지 색도 LED 조명에 같은 방법으로 씌워 만든다.

**3** 방을 어둡게 하고, 흰 종이에 LED 조명 빛을 쏜다. 색깔별로 따로 쏘거나 겹쳐서 쏜다.

**4** 흰 배경의 앞쪽에 흰색 장식물을 놓는다. 장식물이 흰색 그대로 보이도록 3가지 색의 조명을 한꺼번에 쏜다.

## 흰색 빛과 색 그림자가 생기는 이유

빨간색 빛, 녹색 빛, 파란색 빛이 겹친 부분은 하얗게 보여요. 이때 흰색 장식물에 생긴 그림자는 파란색, 빨간색, 노란색을 띱니다. 왜 세 가지 색의 빛을 합치면 하얗게 보이는 걸까요?

우리 눈의 안쪽에는 색을 느끼는 3종류의 감각세포가 있어서 각각 빨간색, 녹색, 파란색을 인식해요. 예를 들어, 빨간빛을 보면 빨간색을 인식하는 세포가 반응하여 '빨갛다'고 느끼는 식이죠. 이때 감각세포 3종류가 비슷한 정도로 동시에 자극을 받으면 '하얗다'고 인식해요.

이 빨간색(Red), 녹색(Green), 파란색(Blue)의 빛을 합쳐 'RGB'라고 부르며, '빛의 삼원색'이라고 해요. 세 가지 색의 빛을 서로 섞으면 다양한 색을 만들 수 있어요. TV와 스마트폰의 화면도 RGB로 표현하며, 이론상으로는 약 1677만 가지 색을 나타낼 수 있어요. 이러한 방식으로 피부색이나 자연의 풍경 등 사물의 색을 다양하게 표현해요. 이처럼 빛을 섞어 색을 만드는 것을 '가색 혼합(가법 혼색)'이라고 해요.

빛이 어떤 물체에 막혀 닿지 않게 된 부분을 '그림자'라고 해요. 이번 실험에서는 세 가지 조명을 각각 다른 위치에 두고, 흰색 장식물에 빛을 비추어 하얗게 보이도록 해 보았어요. 그 결과, 세 가지 색의 빛에 의해 각각 3개의 그림자가 생겼어요. 만약 빨간색 조명의 빛이 닿는 방향에 생긴 그림자는 어떻게 될까요? 예를 들어, 빨간색 빛을 받아 그림자는 검게 나타나지만, 그림자가 생긴 곳에 파란색과 녹색 조명의 빛이 비추고 있어 '청록색' 그림자가 만들어져요. 다른 두 색의 빛에 대해서도 같은 식으로 이해할 수 있어요.

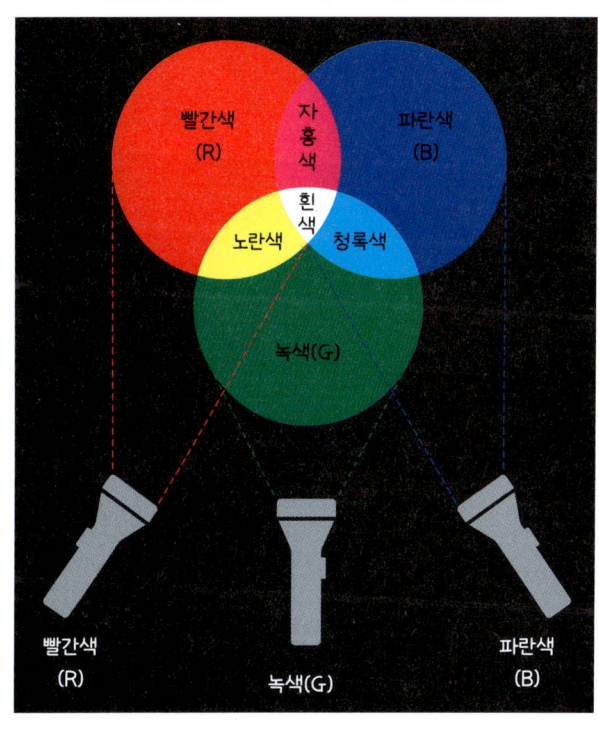

빛의 삼원색과 가색 혼합

# 08 아름다운 물리의 세계로 초대하는 빨대 물결 모형

소요 시간 **2**시간

고요한 물에 작은 돌이 떨어지면, 그 주변으로 여러 개의 고리 모양의 물결이 생기며 점점 넓게 퍼져요. '파동'이라고 하면, 이러한 물결이나 바다의 파도를 떠올리는 사람이 많겠지요. 하지만 우리 주변에는 귀에 들리는 소리인 음파나 스마트폰의 전파 등 눈에 보이지 않는 파동도 많아요. 예를 들어, 음파는 공기가 이동하면서 전달된다고 생각하기 쉽지만, 실제로는 공기가 이동하는 것이 아니라 그 자리에서 규칙적으로 흔들리며(진동하며) 그 진동이 주변으로 전해지는 거예요.

왠지 어렵게 느껴질 수도 있지만, '백문이 불여일견'이라는 말이 있죠. 파동을 눈으로 직접 볼 수 있도록 빨대 물결 모형을 만들어 아름다운 파형을 다양하게 살펴보세요.

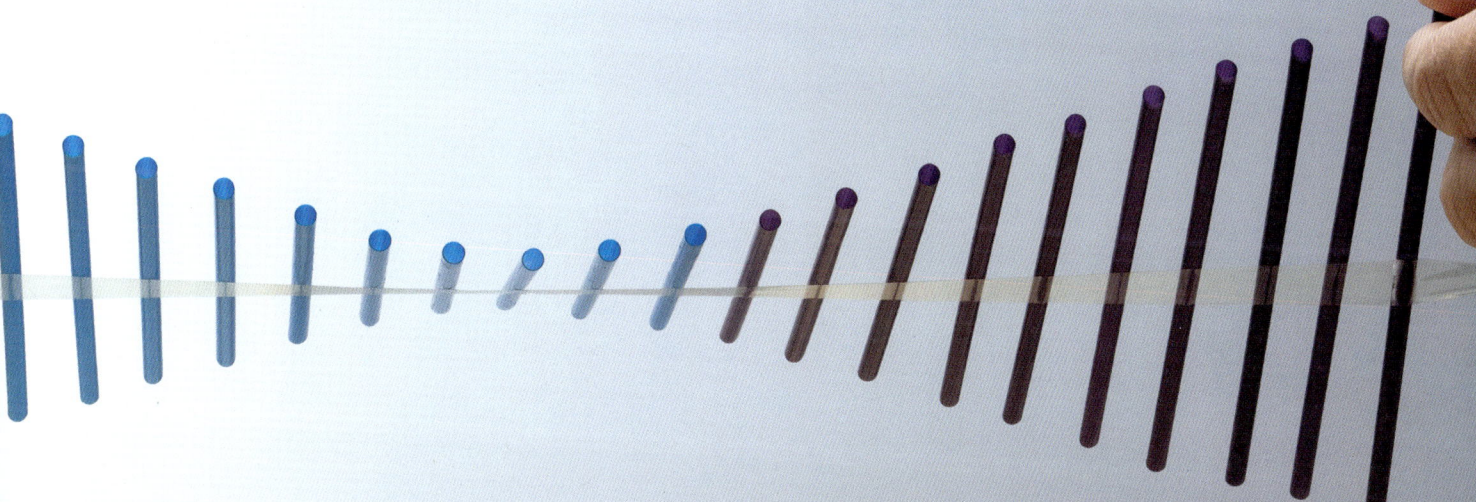

특히 이 사진처럼 '정상파'에서는 볼록한 부분(배)과 잘록한 부분(마디)이 아름답게 조화를 이루며 수학적인 선 모양을 나타내요. 이 때문에 바이올린이나 기타처럼 단순히 팽팽한 줄(현)만으로도 다채롭고 깊은 음색과 멜로디를 연주할 수 있는 거예요. 여러분도 천천히 실험해 보며 아름다운 물리의 세계를 경험해 보세요.

**키워드** 파동, 파동의 마루, 파동의 골, 정상파

# 빨대 물결 모형 만들기

## 준비물

- 단단한 빨대 41개 이상
- 물을 채운 페트병 2개
- 셀로판테이프
- 자
- 수성펜
- A4용지 3장

## 실험 순서

 테이프를 붙이거나 펜으로 더러워져도 괜찮은 받침대 위에서 실험하세요.

**1** A4용지 3장을 가로로 길게 늘어놓고, 연결한 부위를 셀로판테이프로 붙여 1장으로 만든다.

**2** 가로로 반으로 접고 펼친다. 종이를 뒤집고 네 모퉁이에 테이프를 붙여서 받침대에 고정한다.

**3** 접은 선을 따라 펜으로 가로선을 그리고, 가로선과 수직이 되도록 정 가운데에 세로선을 그린다.

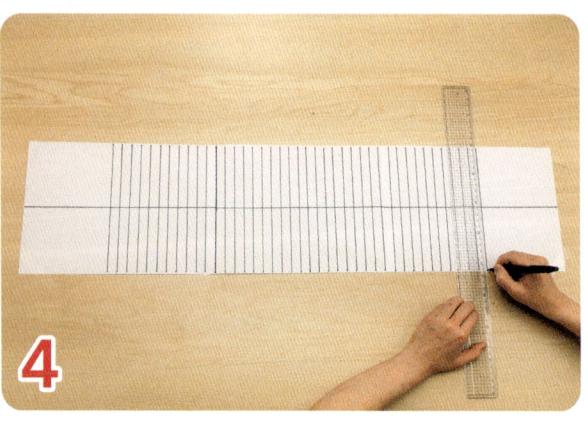

**4** 가로선을 중심으로 40개의 세로선을 1.5cm 간격으로 그린다.

이어 붙인 종이의 가로 방향으로, 양쪽에 각각 10cm 정도 여유 있게 나오는 길이로 셀로판테이프를 잘라 점착면이 위로 오도록 고정한다.

* 테이프의 왼쪽 끝을 받침대에 고정한 다음, 테이프를 잡아당겨 오른쪽 끝을 고정하면 된다.

정 가운데 있는 세로선에 빨대를 붙인다. 남은 빨대도 마찬가지로 남은 세로선에 붙인다.

빨대가 붙은 테이프의 양 끝을 받침대에서 떼어 낸다.

빨대가 붙은 테이프가 팽팽하게 붙도록, 테이프의 양 끝을 페트병의 뚜껑에 고정한 후 테이프로 붙인다.

* 팽팽하게 붙지 않는다면 페트병을 바깥쪽으로 당겨서 테이프로 페트병을 고정하거나, 두 사람이 양쪽에서 잡아당긴다.

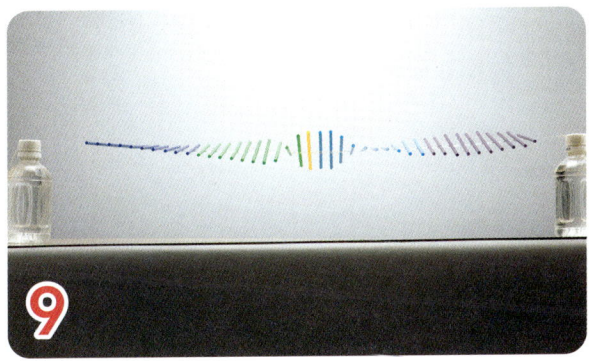

오른쪽 끝에 있는 빨대의 앞쪽을 손가락으로 가볍게 올려 파동의 '마루'를 관찰한다.

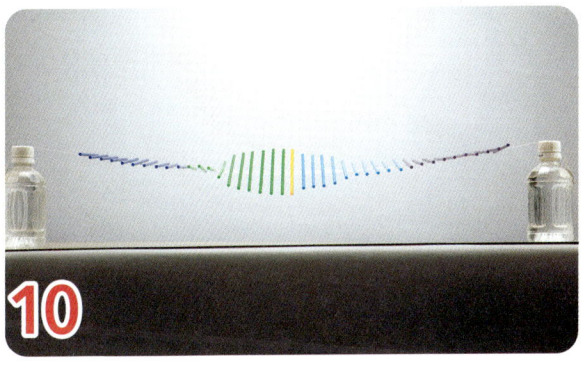

오른쪽 끝에 있는 빨대의 앞쪽을 손가락으로 가볍게 아래로 눌러 파동의 '골'을 관찰한다.

## 빨대 물결 모형 관찰하기

파형이 오른쪽과 왼쪽으로 나아가도 빨대는 오른쪽이나 왼쪽으로 움직이지 않고, 셀로판테이프로 고정된 위치에서 위아래로 흔들려요. 하지만 잘 관찰해 보면 빨대가 단순히 흔들리는 것만은 아니에요.

각각의 빨대의 움직임을 자세히 보면, 앞쪽 끝이 올라가거나 내려가면서 진동해요. 이 진동이 차례로 전달되는 현상이 바로 '파동'이에요.

앞의 실험에서 우리는 파동의 마루와 골을 살펴보았어요. 오른쪽 끝부분의 빨대를 가볍게 위아래로 흔들어 보세요. 어떤 모습인가요? 마루와 골이 이어지는 아름다운 모양의 파동이 만들어져요.

이번에는 왼쪽 끝부분의 빨대 가운데를 움직이지 않도록 고정하고, 오른쪽 끝부분에서 같은 주기로 같은 모양의 파동을 계속 보내 보세요(또는 양쪽에서 같은 모양의 파동을 계속 보내세요). 파동이 잘 전해지면, 배와 마디가 순서대로 나타나면서 마치 파도가 움직이지 않고 멈추어 있는 것처럼 보이는 경우가 있어요. 이처럼 배와 마디가 일정하게 생기고, 파도가 나아가지 않고 멈추어 있는 듯이 보이는 파동을 '정상파'라고 해요.

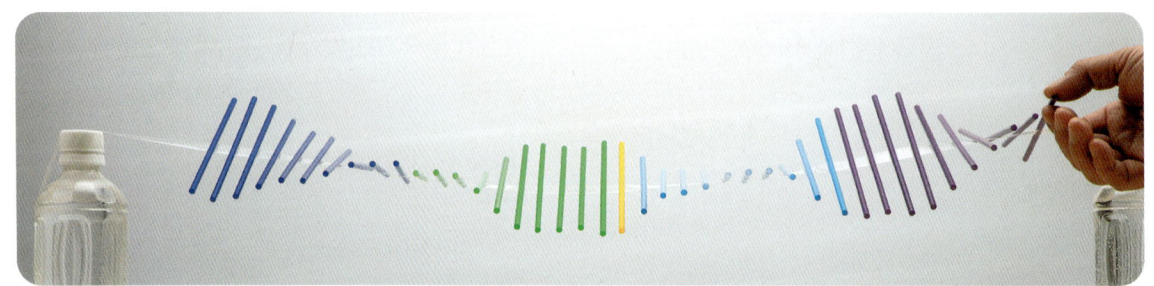

오른쪽 끝의 빨대를 가볍게 위아래로 흔들면 마루와 골이 차례대로 있는 모습을 볼 수 있다.

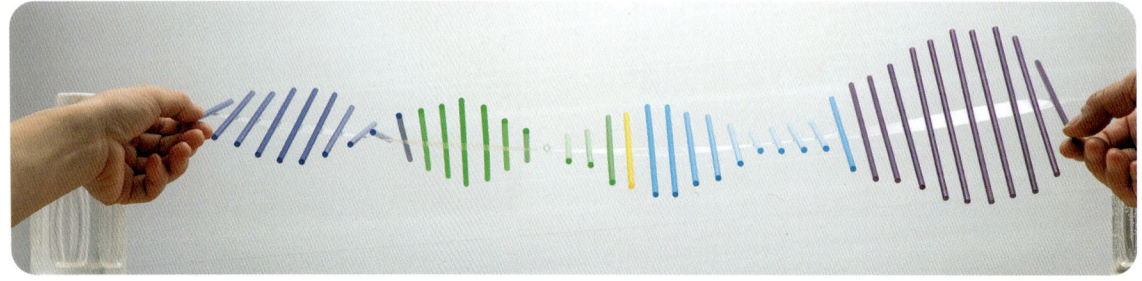

왼쪽 끝을 움직이지 않도록 고정하여 생긴 정상파의 모습이다. 왼쪽 끝이 잘록해지며 마디가 된다.

# 2장

변화가 즐거운
화학 실험

# 01 물에서 헤엄치는 잉크로 그린 물고기

**소요시간 30분**

그림 속에서는 물고기가 헤엄을 치거나 새가 날아다니지는 않아요. 영상 속에서는 있을 수 있지만 실제로는 일어날 수 없는 꿈 같은 일이지요.

하지만 이번 실험에서는 화이트보드 마커로 그린 물고기를 물에 풀어보겠습니다. 이때 알루미늄 포일이 캔버스 역할을 대신해요. 원래라면 그림 속 물고기는 움직일 수 없지만, 물고기를 그린 알루미늄 포일을 물에 넣으면 어떤 일이 일어날까요?

일반적으로 유성펜으로 그림을 그리면 물에 잘 지워지지 않아서 물에 넣어도 아무 일도 일어나지 않습니다. 그래서 화이트보드에 유성펜으로 글씨를 쓰거나 그림을 그리면, 화이트보드 마커를 사용했을 때처럼 쉽게 지워지지 않아요. 그렇다면 화이트보드 마커는 유성펜과 어떤 점이 다른 걸까요?

궁금한 점을 생각해 보면서 알루미늄 포일에 상상의 나래를 펼쳐 좋아하는 그림을 그려 보세요. 물고기뿐만 아니라 바다 생물이나 수영하는 사람 등을 그려도 좋아요. 그림 속 바다 생물이나 사람들이 물속에서 자유롭게 헤엄칠 수 있도록 실험해 보세요.

**키워드**  알코올, 박리제

# 잉크로 그린 물고기 띄우기

## 준비물

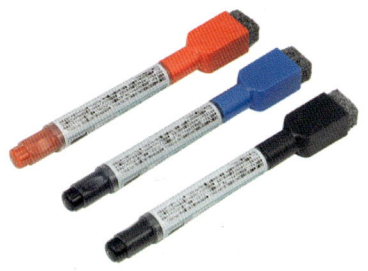
- 화이트보드 마커 (박리제와 알코올이 포함된 것)

* '뚜껑을 열고 오랜 시간 놓아두면 날아갑니다.'라고 적혀 있거나, '그림을 그리면 물에 뜹니다.'라고 광고하는 알코올계 잉크가 들어있는 마커를 사용한다.

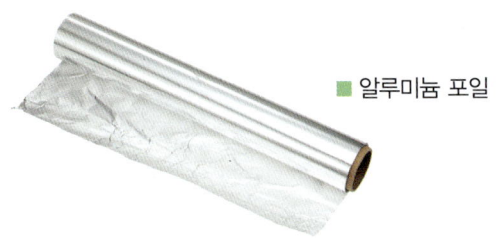
- 알루미늄 포일

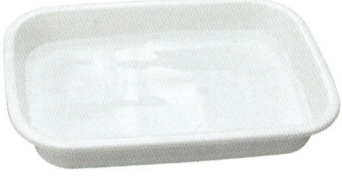
- 물을 채운 쟁반

## 실험 순서

**1** 알루미늄 포일에 화이트보드 마커로 그림의 윤곽을 그리고 안쪽을 칠한다.

**2** 그림이 마를 때까지 30초 정도 기다렸다가 알루미늄 포일 통째로 물을 채운 쟁반에 살짝 넣는다.

**3** 그림이 떠오르면, 알루미늄 포일을 살짝 당겨서 꺼낸다.

**4** 물에 뜬 그림을 관찰한다.

## 숨은 과학 원리: 알루미늄 포일에 그린 물고기가 물 위에 뜨는 원리

알루미늄 포일에 화이트보드 마커로 그린 물고기를 물속에 넣자 물 위로 떠올랐어요.

사실, 화이트보드 마커 종류 중 이 실험에 적합하지 않은 것들도 있어서, 실험에 사용할 화이트보드 마커의 종류를 준비물에 자세히 안내하였어요. 실험에 적합한 화이트보드 마커의 핵심은 잉크뿐만 아니라 알코올과 박리제가 포함되어 있어야 한다는 점이에요.

이 화이트보드 마커로 보드에 글씨를 쓰거나 그림을 그리면, 처음엔 알코올이 증발하면서 잉크의 색과 선이 뚜렷해지고, 잉크가 박리제 위에서 굳어요. 박리제는 보드 지우개로 벗길 수 있어 글씨와 그림을 보드 지우개로 쉽게 지울 수 있는 거예요.

이번 실험처럼 알루미늄 포일에 그림을 그리면, 처음에는 알코올이 증발하고, 그 다음 박리제 위에서 잉크가 굳어요. 즉, 알루미늄 포일과 잉크의 층 사이에 박리제가 끼어 있는 상태가 되는 거예요. 이때 그림 전체를 물에 담그면, 알루미늄 포일과 잉크 층 사이로 물이 스며들어 물에 녹지 않고, 물 보다 가벼운 잉크만 떨어져서 물 위에 뜨는 것이죠.

마치 헤엄치듯 물 위에 뜨기 때문에 그림을 그릴 때는 빈틈없이 꼼꼼하게 칠해야 해요. 그렇지 않으면 아주 약한 힘에도 그림이 찢어질 수 있어요. 만약 글씨를 써서 물에 띄우려면 굵게 쓰는 것이 좋습니다.

실험에 알맞은 화이트보드 마커의 예

### 잉크의 그림이 떠오르는 원리

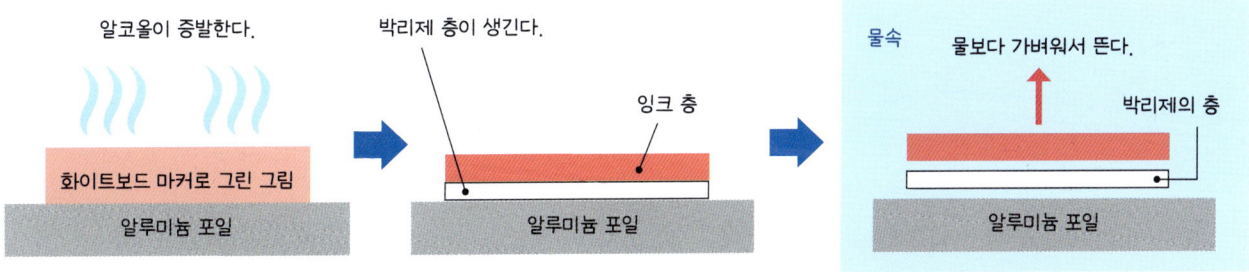

## 02 왜 사라지지 않을까? 물속에서도 타는 불꽃

**소요시간 30분**

여러분은 불꽃놀이를 좋아하나요? 어떤 종류의 불꽃을 본 적이 있나요? 불꽃은 하늘 높이 쏘아 올리는 큰 불꽃부터, 스파클라(막대 불꽃)처럼 작은 것까지 여러 종류가 있으며 각각의 매력이 있어요.

이번 실험에서 가장 중요한 재료는 '스파클라'입니다. 가늘고 긴 철사에 화약을 묻혀 굳힌 휴대용 불꽃으로, 불을 붙이면 억새의 이삭 같은 불꽃이 뿜어져 나와요. 불꽃의 화력이 너무 강하거나 약하지 않다는 점에서 생활용품점에서도 쉽게 구입할 수 있는 제품이에요.

이 막대 불꽃을 물속에서 태우는 실험을 해 볼까요? 일상에서는 물속의 불을 볼 일이 없어서 신기한 경험이 될 거예요. 과연 어떻게 해야 물속에서도 불이 꺼지지 않고 탈 수 있을까요?

**키워드** 온도, 산화제, 불꽃반응

# 물속에서 불꽃놀이 하기

## 준비물

- 스파클라(막대 불꽃) 1~2개
- 셀로판테이프
- 물을 채운 투명한 유리병 (불꽃이 확실하게 들어갈 수 있는 크기)
- 큰 사각 알루미늄 용기 (깊이가 있는 것)
- 컵초
- 라이터
- 물을 채운 물통

## 실험 순서

 불을 다룰 때는 반드시 주의하세요. 불꽃놀이가 가능한 장소를 고르고, 불이 날 경우에 대비해 소화기나 방화용품을 준비하세요. 다 사용한 불꽃은 물통 안의 물에 완전히 담가서 완전히 끄세요. 또한, 억지로 화약을 꺼내는 행동은 위험하니 하지 마세요.

**1** 스파클라의 화약 부분 전체에 셀로판테이프를 둘러 감는다.

**2** 물을 채운 유리병을 큰 사각 알루미늄 용기 안에 두고, 초에 불을 붙인다.

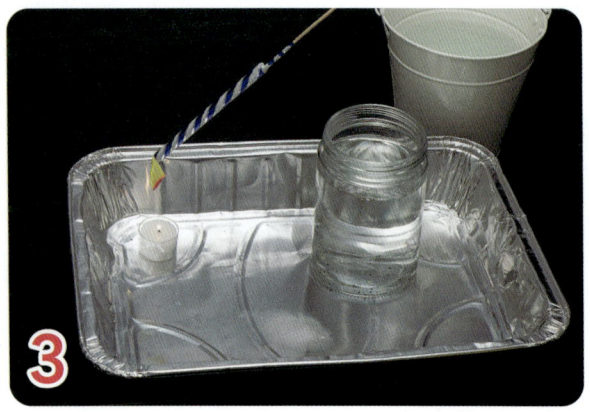

**3** 촛불로 1의 스파클라에 불을 붙인다. 알루미늄 용기 안에서 불꽃이 타오르기를 기다린다.

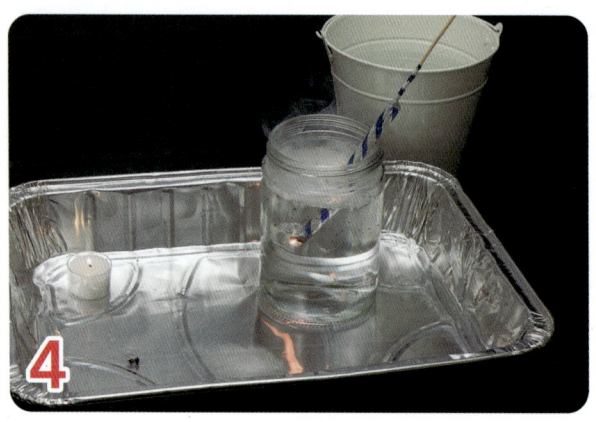

**4** 불꽃이 시작되면 유리병의 물에 넣는다. 끝나고 나서 촛불을 끈다.

## 불속에서도 불꽃이 꺼지지 않는 이유

예부터 '화약은 습한 곳에 보관하면 안 된다'고 알려져 있어요. 화약이 발화하기 위해서는 약 300도 이상의 높은 온도가 필요해요. 물의 끓는점은 약 100도이며, 물은 항상 100도 미만을 유지하는 액체이죠. 그래서 화약이 물과 만나면 100도 미만이 되어 불이 붙지 않아요.

이번 실험에서는 스파클라를 바깥 불꽃의 온도가 1400도 정도인 촛불에 가까이 대어 불을 붙입니다.

사실, 물체가 계속 타기 위해서는 또 한 가지 필요한 요소가 있어요. 바로 '산소'입니다. 물에는 산소가 적고, 스파클라의 화약에는 과염소산칼륨과 질산칼륨과 같은 '산화제'가 들어있어서, 이들이 뜨거워지면 마찰이 발생해요. 불꽃이 공기 중에서 강하게 타는 이유는 공기 중 산소뿐만 아니라, 산화제에 의해서 생긴 산소도 연소에 사용되기 때문이에요.

일반적으로 불꽃놀이에 사용하는 화약에는 온도가 올라가면 색을 내는 물질도 들어있어요. 나트륨 화합물이 있으면 노란색, 바륨 화합물이 있으면 황록색, 구리 화합물이 있으면 청록색으로 선명하게 빛나요. 이러한 현상을 '불꽃반응'이라고 해요.

### 물속 불꽃의 구조

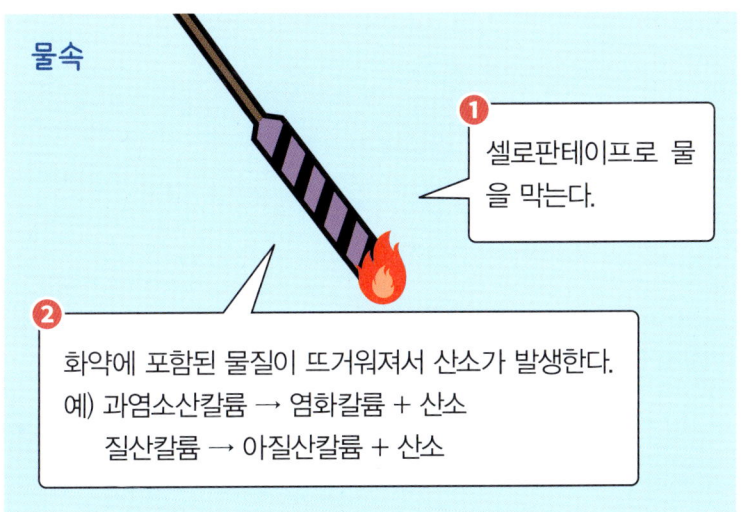

불꽃반응의 예. 가장 아래에서부터 시계 방향으로, 바륨(황록색), 칼륨(보라색), 스트론튬(빨간색), 구리(청록색), 나트륨(노란색), 칼슘(주황색)

# 03 이건 도대체 뭐야? 말랑말랑한 슬라임

**소요시간 30분**

'슬라임(Slime)'은 영어로 '끈적끈적한 물질'을 뜻하는 단어예요. 게임이나 이야기 속에 등장하는 상상 속의 동물이나 장난감, 진흙 등 다양한 형태의 물질을 가리켜요.

슬라임은 어린이들에게 큰 인기를 얻고 있는 실험 도구이기도 해요. 이번 실험에서는 물풀과 '특정한 재료'를 사용하여 직접 슬라임을 만들어 볼게요. 평소에 만들기 놀이를 할 때 사용하는 물풀로 슬라임을 만들 수 있다니, 무척 신기하죠? 슬라임이 어떻게 만들어지는지 직접 실험해 보고 촉감을 느끼면서 원리를 생각해 보세요.

슬라임을 만들 때 식용 색소를 넣으면 선명한 색으로 물들어서 보기에도 예뻐요. 하지만 절대 먹어서는 안 되며, 입에 넣지 않도록 합니다. 사진과 같이 슬라임으로 촉감놀이를 하고 싶다면 바닥에 시트 등을 깔아주는 것이 좋아요. 이외에 주의해야 할 사항은 58쪽을 참고하세요.

**키워드**  PVA, 폴리머, 붕사

# 슬라임 만들기

### 준비물

- 물풀(PVA 성분이 함유된 것) 50g

- 물 50g
  * 조금 큰 일회용 플라스틱컵에 넣는다.
- 미지근한 물 25g
- 붕사 2g

- 식용 색소

- 일회용 숟가락 1~2개

### 실험 순서

 붕사와 붕사를 녹인 용액, 슬라임을 절대로 입에 넣지 마세요. 독성이 있으므로 맨손으로 만지지 않도록 하며, 만약 손에 묻었다면 바로 씻어냅니다. 옷이나 받침대 등에 묻은 경우에도 잘 씻어내세요.

실험 후에 슬라임과 남은 붕사는 아무 데나 방치하지 마세요. 하수구에 절대 바로 버리지 말고, 딱딱하게 굳혀서 일반 쓰레기로 버리세요.

**1**

물에 물풀을 넣어서 잘 섞는다. 그 위에 식용 색소를 한두 방울 넣어서 섞는다.

**2**

미지근한 물에 붕사를 넣어서 잘 섞는다.

* 렌즈 보존액으로 대체할 수 있다.

**3**

**1**에 **2**를 조금씩 넣으면서 섞는다.

* 한꺼번에 넣으면 실험에 실패할 수 있으므로 주의한다.

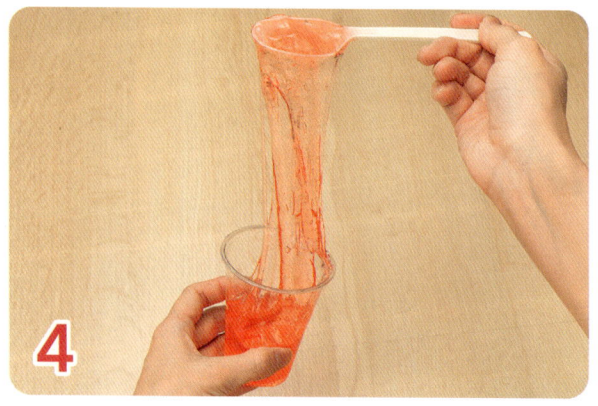

**4**

질감을 확인한다.

* 손으로 만질 때는 일회용 장갑을 끼고 실험한다.

## 숨은 과학 원리: 어떻게 이렇게 신기한 질감을 만들 수 있는 걸까?

이번 실험에 사용한 물풀에는 PVA(폴리비닐 알코올)가 포함되어 있어요. PVA는 '폴리머' 중 한 종류로, 긴 사슬 같은 분자(물질을 구성하는 작은 원자의 집합)들이 모여서 이루어져 있어요. 플라스틱의 일종으로 물에 잘 녹고 끈기가 있지만, 수분이 날아가면 딱딱하게 굳어요.

또 한 가지 주재료인 '붕사(사붕산나트륨)'는 도자기의 유약과 내열 유리의 원료, 혹은 눈 소독액을 만드는 데에도 사용되는 물질로, 약국 등에서 구입할 수 있어요.

물풀과 물에 녹인 붕사액, 이 두 가지 물질이 만나면 놀랍게도 붕사에 포함된 일부 성분이 PVA 분자의 사슬 구조에 다리를 놓듯이 결합하여 전체가 그물망 구조를 이루어요. 이 같은 구조에 의해 슬라임 특유의 폭신한 질감이 생기는 거예요. 그리고 잡아당겨도 끊어지지 않고 늘어났다 줄어들었다 하는 성질을 갖게 돼요. 또, 그물망 구조 사이에 많은 물을 가두기 때문에 말랑말랑하고 차가운 촉감을 느낄 수 있어요.

만약 실험에서 만든 슬라임을 비닐봉지에 넣고 소금을 넣어 꽉 쥐면 어떻게 될까요? 말랑말랑했던 슬라임에서 물이 점점 빠져나가요. 이때 동글동글하게 잘 굴려 합치면 탱탱볼처럼 된답니다! 꼭 실험해 보세요.

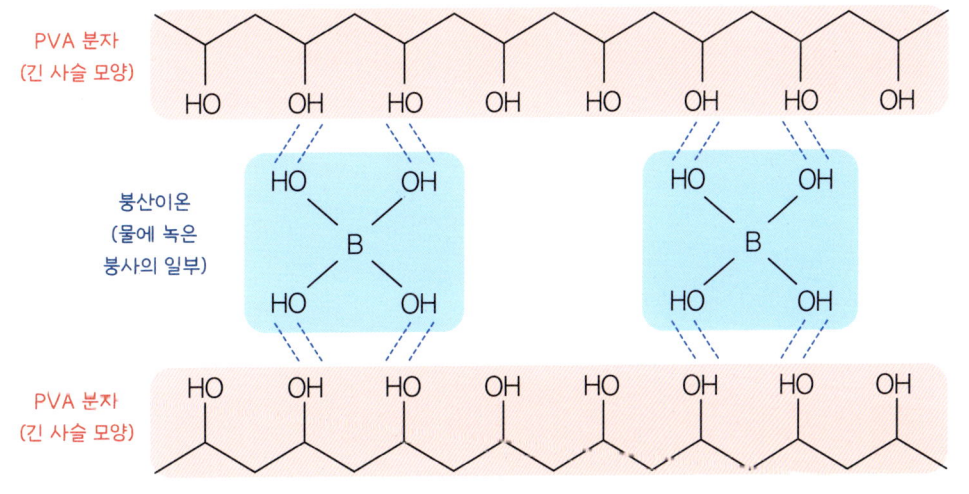

**PVA 분자와 붕산 이온의 결합(화학식)**

# 04 반짝반짝한 보석 같은 명반 결정

**소요시간 10일**

다이아몬드, 사파이어, 에메랄드 등 아름다운 보석들이 다양한데, 대부분이 '결정'이에요. '결정'이란 물질을 구성하는 작은 입자인 '원자'와 원자가 모인 '분자'가 규칙적으로 배열된 구조예요.

비싼 보석뿐만 아니라 눈 결정이나 소금 결정 등 우리 주변에는 다양한 종류의 결정이 있어요. 모두 반짝반짝 빛나며 무척 아름답지만 눈 결정은 바로 녹아서 사라지고, 소금 결정은 크고 아름다운 형태로 만들기가 어렵습니다. 그래서 이번 실험에서는 명반(백반)을 활용해 결정을 만들어 볼게요.

명반이 여러분에게는 조금 낯설 수도 있는데, 예전에는 요리할 때나 손톱에 봉선화물을 들일 때 사용했던 재료로, 요즘에는 마트나 약국에서 살 수 있어요.

어떻게 하면 결정을 더 크고 아름답게 만들 수 있을지 생각해 보면서 나만의 멋진 결정을 만들어 보세요.

**키워드** 모결정, 용해도, 결정구조

## 명반 결정 만들기

**준비물**

- 명반(백반) 35g
- 뜨거운 물(60도 정도) 200mL
- 유리병(또는 내열용기)
- 온도계
- 보온통(또는 스트리폼 박스)
- 명주실
- 숟가락
- 가위
- 나무젓가락
- 뜨거운 물(60도 정도)을 채운 용기
  * 2일째에 사용

**실험 순서**  날카로운 도구를 다룰 때 주의하세요.

**1** 유리병에 뜨거운 물을 담고, 명반(백반)을 조금씩 넣으며 섞는다.

**2** 다 녹을 때까지 섞는다.

**3** 보온통(또는 스티로폼 박스)에 유리병을 넣고, 천천히 식힌다. 하루 동안 둔다.

**4** 보온통에서 유리병을 꺼낸다. 바닥에 생긴 작은 결정을 꺼낸다.

마음에 드는 모양의 결정을 한 개 골라서 명주실을 연결해 매단다.

다른 결정을 유리병에 다시 넣는다. 뜨거운 물로 채운 용기에 유리병을 넣고 잘 섞어서 녹인다.

5의 명주실 끝을 나무젓가락 사이에 끼워, 유리병 밖에서 적당한 길이로 묶는다.

* 다음 8에서 결정이 액체에 잠기도록 명주실의 길이를 조절한다.

유리병 안의 온도가 35도 정도로 식으면, 유리병의 입구에 7의 나무젓가락을 걸친다.

보온통에 넣어서 며칠 그대로 둔다.

결정이 완성될 때까지 가능한 한 만지지 않으며 관찰한다.

* 유리병의 바닥에 결정이 모이면, 6~10을 반복해서 결정의 크기를 크게 만들어 봐도 좋다.

## 숨은 과학 원리: 결정이 만들어지는 과정

뜨거운 물에 명반을 녹여서 놓아두었더니 작은 결정이 생겼어요. 이것을 '모결정'이라고 하며, 명반을 녹인 물 안에 매달아 두면 조금씩 커집니다.

실험에 사용하는 뜨거운 물의 온도는 60도 정도입니다. 일반적인 명반은 온도에 따라 녹는 양, 즉 용해도가 크게 달라져요. 예를 들어 40도의 미지근한 물이라면 20도인 물의 2배 정도, 60도의 뜨거운 물이라면 20도인 물의 4배 이상 녹습니다. 그래서 60도의 명반 용액이 식으면서 다 녹지 못한 명반이 결정이 돼요. 이것을 명반 용액에 담그면 결정이 더 커집니다.

일반적인 명반은 황산알루미늄칼륨(소백반)이거나, 거기에 물 분자 20개가 결합된 칼륨 백반이에요. 두 용액 모두 안에는 황산 이온*, 칼륨 이온, 알루미늄 이온이 떠다녀요. 이 이온들이 결정구조를 완성했을 때, 칼륨 이온과 물 분자, 알루미늄 이온과 물 분자가 각각 팔면체를 만들어, 황산 이온을 사이에 두고 일정한 간격으로 늘어서요. 이 구조가 결정이 가장 쌓이기 쉬운 구조로, 전체적으로도 정팔면체와 육각형과 같은 형태가 돼요.

다만, 먼지 등의 불순물이 섞이거나 용액을 흔들면 결정이 자라지 못하고 모양이 흐트러져요. 결정을 제대로 관찰하고 싶다면, 명반 용액을 커피 필터 등으로 한 번 거른 후에 유리병에 넣는 게 좋아요. 그리고 그 상태로 보관하면 면이 매끈하고, 각이 뚜렷하고 견고한 투명도가 높은 결정을 쉽게 얻을 수 있어요.

* 이온이란, 물질의 원자가 전기를 지닌 것으로, 명반과 소금을 비롯해 물에 녹였을 때 원자가 이온의 상태가 되는 물질은 많다.

모결정에 명주실을 연결할 때도 자꾸 만지지 않는 것이 좋다. 잘 연결이 되지 않는다면, 철사 끝을 뜨겁게 달구고 결정에 꽂아 고정하는 것도 방법이다. 이때 화상과 화재에 주의해야 한다.

### 잠깐 실험!

## 좋아하는 모양으로 만드는 명반 결정

소요 시간 **1일**

'결정을 만드는 건 재미있지만 오랫동안 가지고 있을 수 없잖아!'라는 생각이 들 때 딱 맞는 실험 방법이에요. 이 방법으로도 반짝반짝 빛나는 결정을 만들 수 있어요.

### 준비물

- 명반 15g
- 뜨거운 물(60도 정도) 100mL
- 모루 털실
- 작은 유리 용기
- 온도계
- 숟가락
- 명주실
- 가위
- 나무젓가락

### 실험 순서

1. 모루 털실을 원하는 모양으로 구부리고, 명주실을 연결해서 매단다.
2. 작은 유리병 용기에 뜨거운 물을 넣고, 명반을 조금씩 넣으며 잘 섞는다.
3. 1의 명주실 끝을 나무젓가락 사이에 끼우고, 모루 털이 2의 명반 용액에 잠기도록 고정한다.
4. 명반 용액이 넘치지 않는 장소에서 하루 정도 그대로 둔다.

만들기에 사용되는 모루 털실을 구부린다.

> **잠깐만요**
> 앞서 실험한 모결정을 만들지 않고, 모루 털실의 철사에 빽빽하게 붙어 있는 작은 털을 모결정으로 활용하는 방법이에요. 그러면 모루 털실에 결정들이 많이 달라붙습니다.

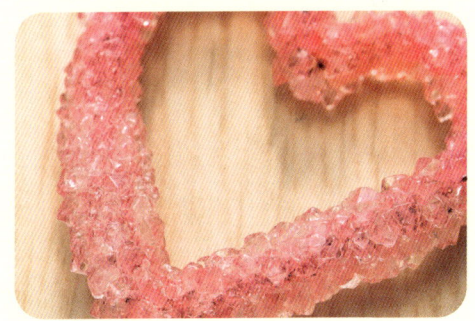

피라미드 같은 형태의 작은 결정을 관찰할 수 있다.

# 05 주방의 훌륭한 조연이 우유에 그리는 그림

**소요 시간 20분**

집에서 카레를 먹고 나면 그릇이 지저분해져요. 케이크를 먹을 때에도 생크림이 접시에 묻지요. 이처럼 끈적끈적해진 식기를 깨끗이 씻을 때 사용하는 것이 식기용 중성세제예요. '중성'이란 '산성'과 '알칼리성'의 중간 성질을 뜻해요. 중성세제는 강한 알칼리성 오염 물질을 산성세제처럼, 산성 오염 물질을 알카리성세제처럼 완벽히 없앨 수는 없지만, 피부에 자극이 적어 주방에서 설거지할 때 주로 사용해요.

중성세제는 기름이나 지방으로 오염된 부분을 제거하는 데 뛰어나요. 하지만 중성세제를 기름기가 있는 곳에 뿌린다고 해서 기름기가 아예 없어지는 것은 아닙니다. 카레나 생크림이 묻은 접시를 씻을 때 잘 살펴보세요. 사실은 접시나 그릇에 세제를 푼 물을 묻혀 기름기가 뜨게 한 다음, 물로 흘려보내는 원리예요.

이처럼 중성세제의 힘을 직접 눈으로 확인할 수 있는 재미있는 실험을 해 보세요. 색이 다채로워서 생각지도 못하게 "와!" 하고 외칠 정도로 재미있을 거예요.

**키워드** 계면활성제, 친수기, 친유기

# 우유 위에 신기한 그림 그리기

### 준비물

● 우유 100~200mL

● 쟁반(깊이가 있는 것)
* 약간 넓고 깊이가 있는 접시 등도 좋다.

● 주방용 중성세제
* 작은 접시 등에 넣어 두면 좋다.

● 여러 색의 식용 색소

■ 면봉 2개

### 실험 순서

**1** 우유를 쟁반에 부어서 전체에 골고루 퍼지도록 채운다.

**2** 여러 색의 식용 색소를 몇 방울씩 떨어트린다. 면봉으로 우유의 표면을 저어준다.

**3** 다른 면봉의 끝에 주방용 중성세제를 묻힌다.

**4** 3의 면봉으로 우유의 표면을 저어준다.
* 면봉으로 이리저리 저어보며 우유 표면에 생기는 모양을 관찰해도 좋다.

## 숨은 과학 원리: 모양이 제멋대로 생기는 이유

아무것도 묻지 않은 면봉을 사용하면 변화가 없어요. 그러나 면봉에 주방용 세제를 묻혀서 우유의 표면에 대면, 색소가 퍼지면서 모양이 바뀝니다.

우유의 약 88퍼센트(%)는 수분으로 이루어져 있어요. 세제의 주성분은 '계면활성제'이며, 계면활성제의 분자에는 물에 잘 섞이는 '친수기' 부분과 기름에 잘 섞이고 물에 섞이기 어려운 '친유기' 부분이 있어요.

세제가 우유에 닿으면 우유의 수분에 세제의 친수기가 끌려서 표면에 퍼져요. 색소도 친수기와 친유기 성질을 모두 가지고 있는데 세제의 친수기가 물과 서로 섞이는 힘이 훨씬 강하기 때문에, 색소가 밀려나면서 한순간에 분리돼요. 게다가 세제의 일부는 우유 속 수분에 녹아서, 우유 안의 색소를 둘러싸요. 이때 세제의 친수기가 바깥쪽으로 나오며, 색소와 함께 움직여서 잠시 색소의 모양이 변하는 거예요.

참고로 설거지를 할 때는 세제의 친유기가 기름때에 달라붙어서 둘러싸요. 이때 세제의 친수기가 바깥쪽에 있으므로 물로 헹구면 깨끗하게 씻겨나가는 것이랍니다.

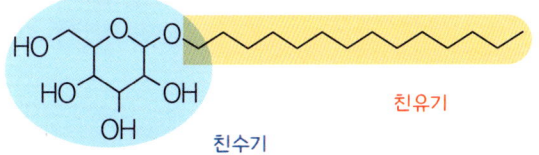

**세제에 사용되는 계면활성제의 예** (알킬글루코시드일 때의 화학식)

**분자가 이동하는 과정**

우유에 색소를 떨어뜨리면, 표면으로 퍼지고 일부는 아래로 떨어진다.
친유기끼리 붙어서 '미셀(micell)'이라고 하는 덩어리가 되어 우유 속을 떠돈다.

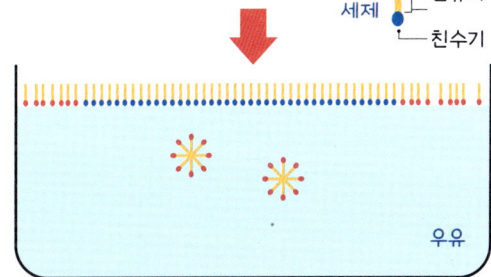

세제를 더하면, 한순간에 표면으로 퍼져 색소가 퍼진다.

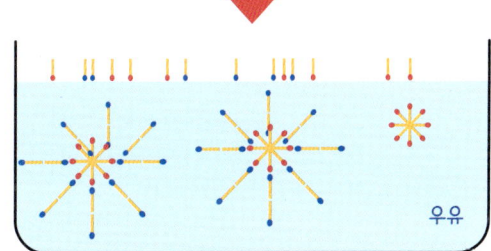

아래로 떨어진 세제가 우유 속의 색소를 둘러싸서 움직인다.

# 06 비눗방울 속에 만드는 또 다른 비눗방울

**소요 시간 20분**

'후'하고 불면 둥근 공 모양이 되어 공기 중에 둥실둥실 떠오르며 다양한 색으로 빛나는 비눗방울. 왜 이렇게 보이는 걸까요?

비눗방울의 막은 매우 얇아서, 표면에 부딪혀 반사된 빛과 안쪽에 부딪혀 반사된 빛이 서로 강해지거나 약해지며 간섭해요. 그래서 어떤 각도에서는 빨간색이 강하게, 다른 각도에서는 파란색이 강하게 보이는 것이죠. 또, 비눗방울의 막은 시간이 지나면서 점점 얇아지므로, 강하게 보이는 빛의 파장(27쪽 참고)도 달라져서 결국 비눗방울이 무지개색으로 보이는 거예요.

이처럼 예쁜 비눗방울이지만 살짝 닿기만 해도, 혹은 시간이 조금 지나면, '톡' 하고 쉽게 터져요. 하지만 이번에 소개하는 방법으로 비눗방울을 만들면, 비눗방울 속에 또 다른 큰 비눗방울을 만들어도 터지지 않고 유지할 수 있습니다. 단, 비눗방울 용액을 마셔서는 안 되며 비눗방울을 불 때 거꾸로 빨아들이지 않도록 반드시 주의하세요.

**키워드** 표면장력, 계면활성제, PVA

# 비눗방울 만들기

### 준비물

- 물 100mL
- 물풀(PVA 성분이 함유된 것) 50g
- 주방용 중성세제 10mL
- 물엿(또는 올리고당) 18g
- 조금 큰 플라스틱 컵
- 투명 L파일
- 빨대

### 실험 순서

 비눗방울 용액을 마시지 않도록 주의합니다.
비눗방울 용액이 손과 물건에 묻었다면 실험 후에 깨끗이 씻으세요.

**1** 조금 큰 플라스틱 컵에 물, 물풀, 주방용 중성세제, 물엿을 넣는다.

**2** 잘 섞어서 비눗방울 용액을 만든다. 바닥에 투명 L파일을 깐다.

**3** 빨대 끝에 비눗방울 용액을 묻혀서 파일 위에서 불어서 반구형 비눗방울을 만든다.

**4** 다시 빨대 끝에 비눗방울 용액을 묻히고, 반구형의 비눗방울 안에 빨대를 꽂아서 분다.

 ## 잘 터지지 않는 비눗방울을 만드는 조건

이번 실험에서 시중에서 판매하는 비눗방울 용액을 사용할 때보다 더 크고 잘 터지지 않는 비눗방울을 만들 수 있었어요. 어떻게 만든 것이며, 왜 비눗방울이 생기는 걸까요?

예를 들어, 일반적인 물(염분이 없는 물)을 빨대에 묻혀 불어도 풍선 모양이 되지는 않습니다. 물 분자끼리 서로 강하게 끌어당겨 액체의 표면을 가능한 한 작게 하려는(표면장력) 성질 때문입니다. 그래서 빨대로 불어도 물 분자들이 모여서 한 덩어리의 물방울이 될 뿐, 공기를 감싼 얇은 막 형태의 비눗방울처럼 되지는 않는 것이죠.

한편, 물과 세제를 섞은 용액에 빨대를 담가서 불면 풍선 모양의 비눗방울이 만들어져요. 세제의 주성분인 계면활성제는 친수기(69쪽 참고) 성질을 갖고 있어서 물 분자들 사이에 끼어들거나 서로 나란히 줄지어 있을 수 있어요. 그래서 얇은 막이 되어도 일정한 형태를 유지할 수 있어요. 하지만 이 막을 빨대나 손으로 만지거나 시간이 지나면 터지죠.

그래서 이번 실험에서는 끈기가 있는 PVA(59쪽 참고)가 포함된 물풀, 끈적끈적한 물엿을 넣어서 단단한 막을 만들었어요. 이렇게 하면 비눗방울 속의 수분이 증발하기 어려워지고, 막이 얇아져서 터지는 데까지의 시간이 길어져요. 이와 같은 원리로 비눗방울 안에 또 다른 비눗방울을 만들 수 있었던 것이랍니다.

### 물과 세제를 섞은 비눗방울과 비눗방울의 구조

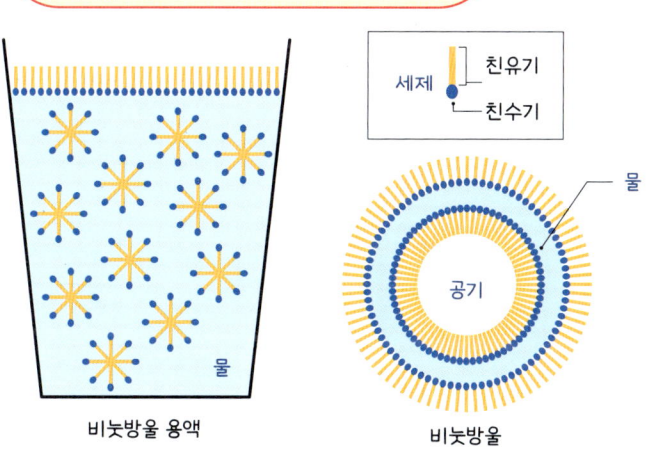

물풀과 물엿을 넣은 비눗방울 용액으로 비눗방울을 만들면, 크게 만들거나 비눗방울 안에 물체를 넣을 수 있다.

# 07 레몬으로 만드는 레몬 전지

**소요 시간 1시간**

전지가 있으면 손전등, 휴대용 라디오, TV 리모컨, 컴퓨터의 마우스, 전동 장난감 등 여러 가지 물건을 편리하게 사용할 수 있지요.

그렇다면 인류는 어떻게 전지를 손에 넣게 된 걸까요? 오늘날의 전지 연구의 시작은 1780년 갈바니의 개구리 해부 실험에서 비롯되었어요. 그는 개구리의 다리에 두 종류의 메스(수술이나 해부 등에 쓰이는 작고 날카로운 칼)를 댔더니, 개구리의 근육이 씰룩씰룩 움직이는 것을 보고 '개구리의 다리 안에서 전기가 생겼다'고 생각했어요. 그리고 1791년에 쓴 책에서 '동물 전기'라고 불렀어요.

하지만 또 다른 과학자 볼타는 '동물의 몸이 아니어도 식염수와 같은 수용액과 두 종류의 금속만 있으면 전지를 만들 수 있다'는 사실을 밝혀냈어요. 묽은 황산을 적신 두꺼운 종이를 사이에 두고 구리판과 아연판을 번갈아 겹쳐 쌓으면 더 강한 전기를 일으킬 수 있었어요. 그가 1800년 무렵에 발명한 이 전지를 '볼타 전지'라고 해요.

이와 같은 전지는 우리에게 친숙한 건전지와는 달리 수용액을 사용하여 '습식 전지'라고 불려요. 그렇다면 왜 전지에 수용액이 필요한 걸까요? 이번 실험에서는 과즙이 풍부한 레몬을 이용하여 전지를 만들어 보고, 그 이유를 탐구해 볼게요.

**키워드** 습식 전지, 전해질, 직렬 연결

# 레몬으로 전지 만들기

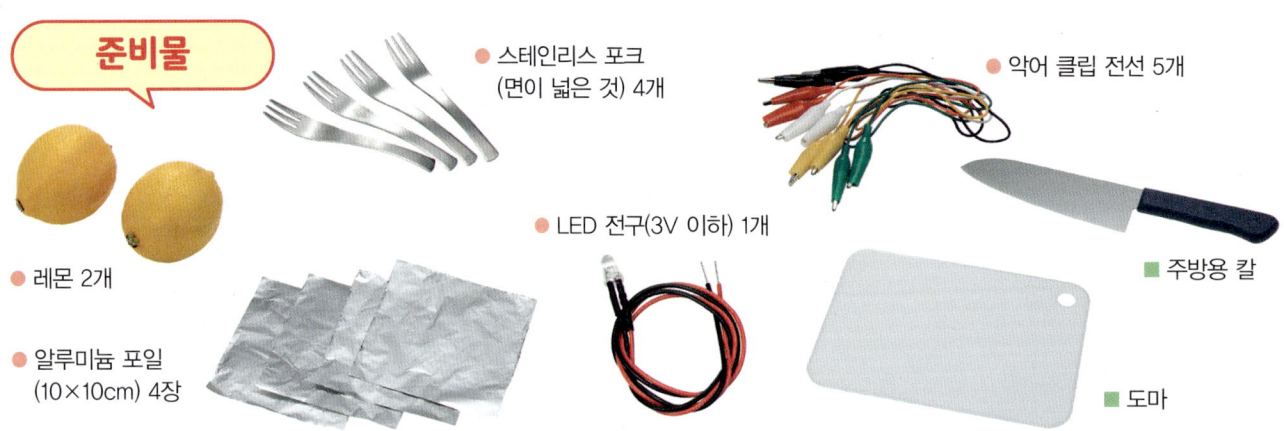

**준비물**
- 레몬 2개
- 알루미늄 포일 (10×10cm) 4장
- 스테인리스 포크 (면이 넓은 것) 4개
- LED 전구(3V 이하) 1개
- 악어 클립 전선 5개
- 주방용 칼
- 도마

**실험 순서**

 날카로운 도구를 다룰 때는 주의하세요.
알루미늄 포일에 구멍이 생길 수 있으므로 레몬즙 등이 묻어도 괜찮은 깔개를 준비하세요.

**1** 레몬 2개를 각각 가로로 반으로 자른다.

**2** 4장의 알루미늄 포일을 가로로 늘어놓고, 레몬 조각의 잘린 면이 아래로 가도록 알루미늄 포일에 올린다.

**3** 레몬의 왼쪽에 포크를 1개씩 깊게 찌른다.

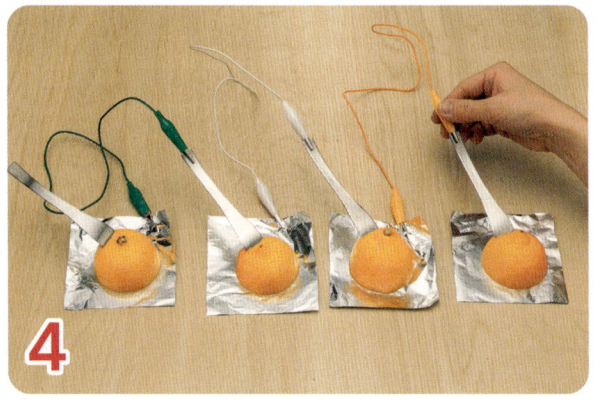

**4** 맨 왼쪽 끝에 있는 알루미늄 포일과 바로 옆의 포크를 악어 클립 전선으로 연결한다. 다음은 왼쪽에서 두 번째 알루미늄 포일과 그 오른쪽의 포크를 악어 클립 전선으로 연결한다. 나머지도 이와 같은 식으로 연결한다.

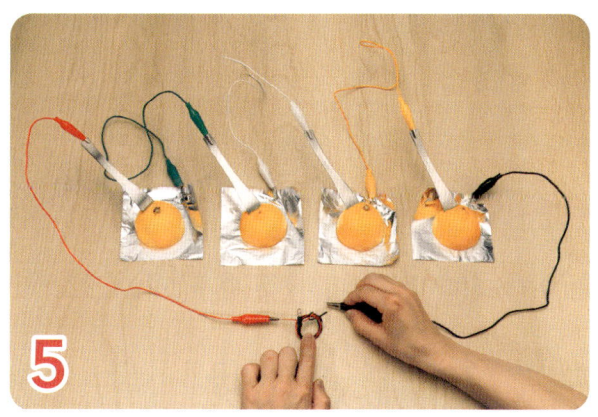

3V LED 전구의 +극과 왼쪽 끝의 포크를 연결한다. 오른쪽 끝의 알루미늄 포일에 전선을 연결하고, 끝을 앞쪽으로 가지고 온다.

\* V: 볼트

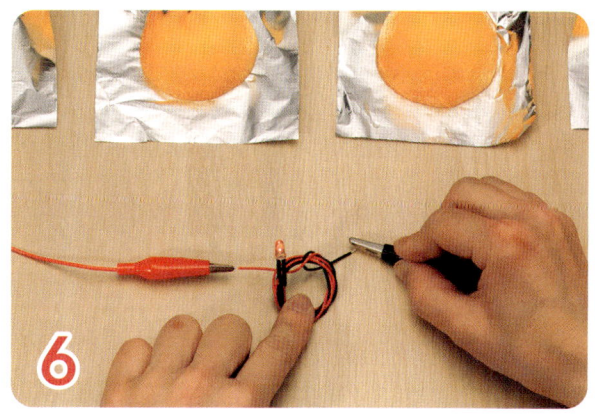

오른쪽 끝의 알루미늄 포일의 전선의 클립을 LED의 −극에 댄다.

**잠깐만요**

레몬즙의 양이 적으면 전구에 불을 켜기가 어려워요. 이럴 땐 레몬에 소금을 뿌리고, 전체를 손으로 잡아 알루미늄 포일에 꽉 누르면 돼요.

## 숨은 과학 원리 전류가 어떻게 흐른 걸까?

레몬과 두 종류의 금속 제품을 연결하고, 마지막에 LED 전구를 연결했더니 불이 켜졌어요. 전류가 흐른다는 증거예요. 도대체 레몬 안에서 어떤 일이 일어난 것일까요?

알루미늄 포일은 알루미늄으로, 포크는 철과 크롬이 섞인 스테인리스로 되어 있어요. 이번에 실험한 레몬 전지는 알루미늄 이온이 레몬즙에 녹기 시작하고, 알루미늄 포일에 있던 전자(−전기를 띠는 입자)가 전선을 타고 포크 쪽으로 이동해요. 포크의 끝은 사진처럼 레몬즙에 잠겨 있어요. 이때 레몬즙이 중요한 역할을 해요. 레몬즙에는 구연산을 비롯하여 전기를 통하게 하는 물질이 녹아 있어요. 이와 같은 물질을 '전해질'이라고 해요.

전해질이 물에 녹아 있으면(레몬즙), 그 안에는 + 전기를 띤 수소 이온이 생겨요. 이 수소 이온이 포크에 도착한 전자를 받아주는 것입니다. 이렇게 전자를 주고받는 과정이 계속되기 때문에 전류가 계속 흘러서 LED 전구에 불이 켜지는 거예요.

구조적으로는 레몬 한 조각만으로도 이 회로를 만들 수 있어요. 그렇다면 왜 이번 실험에서는 레몬을 4조각이나 사용한 걸까요?

실험할 때 레몬을 1조각만 가지고 실험해 보세요. 어떻게 될까요? 맞아요. LED 전구에 빛이 들어오지 않아요. 전압이 너무 낮기 때문이죠. 이번 실험에서는 레몬 4조각을 나란히 연결(직렬 연결)했기 때문에 레몬 1조각일 때보다 전압이 높아져서 LED 전구가 켜질 수 있었던 거예요.

참고로, 앞에서 소개한 '볼타 전지'는 레몬 전지보다 훨씬 세요. 19세기에는 볼타 전지보다 오래가는 '다니엘 전지', 더 강력한 '르클랑셰 전지'도 등장했지만 이러한 습식 전지는 지금은 거의 사용하지 않아요. 그 이유는 빙점하(물이 얼기 시작하거나 얼음이 녹기 시작하는 온도 이하, 즉 0도 이하)인 지역이나 계절에는 전지 안의 수용액이 얼어서 사용할 수 없기 때문이에요. 그래서 개발된 것이 '건전지'랍니다.

## 레몬 전지의 구조

레몬 4조각을 직렬로 연결하면, 1조각일 때보다 전압이 높아져서 LED 전구에 불이 들어온다. 알루미늄 포일이 −극, 포크가 +극이 되어 전류가 흐른다.

# 3장

## 식재료를 이용한 맛있는 실험

# 01 떠오르는 귤, 그리고 가라앉는 귤

소요시간 10분

레스토랑이나 카페에 가면 물병 속에 여러 종류의 허브나 과일을 넣어 제공하는 모습을 볼 수 있어요. 보기에도 산뜻하고, 상쾌한 풍미 덕분에 '과일수'라고 불리며 인기를 끌고 있어요.

이 과일수를 관찰하면 물에 뜨는 과일과 가라앉는 과일이 있다는 사실을 알 수 있어요. 집에 있는 과일 중 어떤 것이 물에 뜨고, 어떤 것이 가라앉을지 예상하면서 실험해 봐도 즐겁겠지요? 채소도 물에 뜨는 것과 가라앉는 것으로 나눌 수 있으므로 함께 실험해 볼 수도 있어요.

통조림에 들어 있는 귤은 속껍질까지 모두 없애서 대부분 통조림 안의 시럽 속에 가라앉아 있어요. 그렇다면 우리가 평소에 먹는 겉껍질과 속껍질이 모두 붙어 있는 생귤로 실험하면 어떤 결과가 나타날까요? 꼭 실험으로 확인해 보세요.

키워드  밀도

# 껍질을 깐 귤과 까지 않은 귤 비교하기

**준비물**

 귤 1~2개

 물을 채운 병 (귤이 들어갈 수 있는 크기)

**실험 순서**

1. 물을 채운 병에 껍질을 까지 않은 귤을 살짝 넣는다.

2. 모습을 관찰하고 귤을 꺼낸다.

3. 귤의 겉껍질을 깐다.

4. 물을 채운 병에 3의 귤을 살짝 넣고 관찰한다.

## 숨은 과학 원리 | 껍질을 까기 전과 깐 후

껍질이 붙어 있는 귤은 물에 뜨고, 껍질을 깐 귤은 물에 가라앉았어요. 껍질이 붙어 있는 귤은 겉껍질과 귤 사이에 공기가 들어 있어 가벼워 물에 뜨는 것이에요.

예를 들어, 철로 만든 못은 아무리 작아도 물에 가라앉아요. 하지만 스티로폼은 아무리

커도 물에 떠요. 왜 그럴까요?

부피가 1세제곱센티미터(㎤)인 물의 질량*은 1그램(g)이에요. 만약 같은 1세제곱센티미터이며 질량이 1그램보다 큰 물체가 있다면, 그 물체는 물에 가라앉아요. 반면에 부피가 1세제곱센티미터이며 질량이 1그램보다 작은 물체는 물에 떠요.

물에 뜨고 가라앉는 물체를 알아볼 때마다 하나씩 1세제곱센티미터의 크기로 잘라 실험하기 어렵기 때문에 질량을 전체 부피로 나누어 계산해요. 그러면 1세제곱센티미터당 질량을 알 수 있어요. 이것을 '밀도'라고 해요. 정리하면, 밀도가 1g/㎤보다 크면 물에 가라앉고, 작으면 뜨는 거예요. 참고로, 통조림 귤도 통조림 시럽에 설탕을 많이 녹이면 귤이 뜹니다. 1세제곱센티미터당 시럽의 질량이 귤의 질량보다 커지기 때문이죠.

* 질량은 '무게'와 닮은 말로, 지구상에서 해발 0미터인 장소라면 거의 같다. 예를 들어, 달에 가면 무게는 가벼워지지만, 질량은 변하지 않는다.

껍질을 까지 않은 귤을 저울에 올린다. 무게를 확인한다. 이 책에서는 귤의 무게가 114g이다.

300mL의 물이 든 계량컵을 준비한다.

같은 귤을 물에 가라앉힌다. 430mL가 되므로, 130mL가 늘었다. 귤의 무게(114g)÷귤의 부피(130㎤)는 약 0.88g/㎤로 1g/㎤보다 작다.

껍질을 까고, 저울에 올려 무게를 확인한다. 이 책에서는 무게가 82g이다.

* 수치는 모두 대략적임. 1mL = 1㎤

300mL의 물이 든 계량컵을 준비한다.

같은 귤을 물에 넣는다. 375mL가 되므로 75mL가 늘었다. 귤의 무게(82g)÷귤의 부피(75㎤)는 약 1.09g/㎤로 1g/㎤보다 크다.

# 02 여름에도 잘 녹지 않는 막대 아이스크림

⏱ 소요시간 **6**시간

더운 날에 먹는 아이스크림은 무척 맛있지만, 빨리 먹지 않으면 안 될 것 같지요. 천천히 먹으면 도중에 녹아 버리고, 덩어리째로 '뚝' 떨어지기도 해요. 하지만 이제 걱정하지 마세요. 이번 실험에서는 잘 녹지 않는 아이스크림을 만드는 방법을 알아볼게요.

단, 실험으로 만드는 막대 아이스크림은 시중에서 파는 막대 아이스크림과 식감이 조금 다를 수 있어요. 바로 여기에 '잘 녹지 않는 아이스크림의 비밀'이 숨어 있습니다.

실험에 사용하는 재료는 일반적으로 마트나 생활용품점에서도 쉽게 살 수 있는 제품이에요. 막대 아이스크림 틀을 사서 손쉽게 만들어 더운 여름에도 아이스크림이 녹을 걱정 없이 천천히 맛보며 즐겨 보세요.

 **키워드** 　물질의 상태 변화, 응고제

# 잘 녹지 않는 막대 아이스크림 만들기

### 준비물

- 우유 200mL
  * 우유 대신 딸기 우유, 초코 우유 등을 사용하고 설탕의 양을 줄여도 좋아요.
- 설탕 40g
- 한천가루 4g
- 작은 냄비
- 실리콘 주걱
- 아이스크림 틀

### 실험 순서

 불을 다룰 때는 반드시 주의하세요.

**1** 작은 냄비에 우유, 한천가루, 설탕을 넣고 중불에 올려서 섞으면서 가열한다. 끓어오르면 약불에서 2분 정도 더 가열하고 불을 끈다.

**2** 굳지 않을 정도로 조금 식히고, 아이스크림 틀에 붓는다.

**3** 아이스크림 막대를 꽂고, 뚜껑이 있으면 닫는다. 냉동실에 넣어서 얼린다.

**4** 아이스크림 틀을 냉동실에서 꺼내 아이스크림을 틀에서 빼낸다.

* 틀에서 빼기 어렵다면 몇 분간 상온에 꺼내 둔다.

## 숨은 과학 원리: 녹지 않는 아이스크림의 정체

이번 실험에서 아이스크림을 만드는 데 사용한 우유의 약 88퍼센트(%)는 물(수분)이에요. 물은 0도에서 얼기 시작해서 고체가 돼요. 0~100도 정도에서는 액체 상태예요. 물이 끓어 100도보다 높은 온도가 되면, 기체인 수증기가 됩니다. 이처럼 고체, 액체, 기체로 변화하는 것을 '물질의 상태 변화'라고 해요.

한천은 '우뭇가사리'라는 해초로 만드는 응고제예요. 한천은 90도 이상의 뜨거운 물에 녹고, 40~50도 정도로 식으면 굳어요. 다시 70도 정도로 온도가 올라가면 끈적끈적해져요. 한천을 구성하는 가는 끈 모양의 분자가 뜨거운 물에 의해서 풀리고, 식으면서 그물코 모양의 구조가 되어 굳어지며, 다시 온도가 따뜻해지면 원래의 상태에 가까워져요.

우유와 한천가루를 섞어서 식히면 그물 모양의 구조가 물 분자를 끌어들여 단단해져요. 그대로 식히기만 해도 우유 한천을 맛볼 수 있지만, 실험에서는 이것을 냉동실에서 얼렸어요. 그래서 아주 무더운 날에도 끈적이지 않고 모양을 유지하는 아이스크림이 만들어진 것이에요.

또한 한천 덕분에 식감이 부드러워지고, 설탕(103쪽 참고)이 들어있어서 얼음이 단단한 결정으로 변하지 않아 깨물면 사각사각하고 맛있는 아이스크림을 먹을 수 있어요.

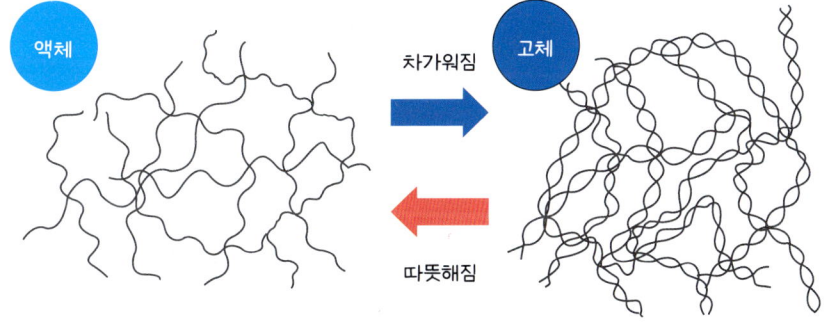

한천의 변화

요리와 베이킹에 사용되는 응고제. 왼쪽부터 한천, 젤라틴, 아가(Agar). 녹는점은 한천 70도 이상, 젤라틴 25도 이상, 아가 60도 이상이다.

# 03 집에서도 만들 수 있는 몽글몽글 온천란

**소요시간 20분**

온천란*은 참 맛있어요. 흰자는 탱글탱글하고 촉촉하며 노른자는 걸쭉하거나 반숙 상태이죠. 반숙란은 흰자가 단단하고 노른자는 완전히 굳지 않아 걸쭉하거나 촉촉해요. 삶은 달걀은 흰자와 노른자가 단단하게 굳어 있지요. 같은 달걀이지만 삶는 방법에 따라 모양도 맛도 각각 달라지는 점이 재미있어요.

달걀의 흰자는 '난백', 노른자는 '난황'이라고 해요. 달걀 안의 난백은 난황의 바깥쪽에 있고, 난황은 달걀의 중심 가까이에 있는데, 난백과 난황은 성분과 성질에도 차이점이 있어요. 그 차이를 이용하여 온천란을 만들 수 있지요.

그렇다면 달걀이 가열되어 굳어질 때는 어떤 변화가 일어날까요? 직접 온천란**을 만들어 보면서 살펴보세요.

\* 온천에서 만들 수 있는 '온천란'에는 보다 단단한 것도 있다.
\*\* '온천란'은 일본의 온천에서 시작된 반숙 달걀 요리로 '온센타마고'라고 한다. 수란과 만드는 방법이 비슷하지만 조금 다르다.

 **키워드**  단백질, 아미노산, 열변성

# 온천란 만들기

## 준비물

- 물 800mL
- 상온에 보관한 달걀 (중간 크기) 3개
- 온도계
- 체망
- 냄비
- 냉수를 담은 그릇

## 실험 순서

 불을 다룰 때는 반드시 주의하세요.

**1** 냄비에 물을 넣고 중불로 가열한다.

**2** 물의 온도가 80도가 되면 불을 끈다.

**3** 달걀을 2에 넣고, 12분 정도 둔다. 물의 온도가 65도 아래로 내려가면 다시 가열하고, 70도 정도가 되면 불을 끈다.

**4** 달걀을 꺼내 냉수를 채운 그릇에 넣는다.

## 숨은 과학 원리: 삶은 달걀 요리의 핵심은 온도

삶은 달걀의 노른자와 흰자의 맛을 비교해 보면 노른자는 진한 맛이 나고, 흰자는 담백해요. 왜냐하면 각각에 포함된 성분이 다르기 때문이에요. 노른자의 절반 정도는 수분이며, 약 34퍼센트(%)가 지방, 17퍼센트가 단백질이에요. 흰자의 무게는 노른자의 약 2배이고, 약 88퍼센트가 수분, 10퍼센트가 단백질이에요. 이러한 차이 때문에 달걀을 삶았을 때 단단한 정도에도 차이가 있어요.

노른자와 흰자 모두 열을 가하면 단단해지는데, 그 이유는 둘 다 단백질을 포함하고 있기 때문이에요. 단백질은 다양한 '아미노산'이 사슬처럼 연결되어 있어요. 날달걀일 때는 이 사슬 구조가 단단히 접혀 있지만, 열을 가하면 사슬이 풀리면서 서로 뒤엉켜 움직이지 않게 돼요. 이러한 현상을 '단백질의 열변성'이라고 해요.

흰자는 약 62도에서 굳기 시작하여 약 80도에서 완전히 굳어요. 노른자는 약 65도에서 굳기 시작하여 약 70도에서 완전히 굳어요. 그래서 이번 실험에서는 80도의 뜨거운 물에 상온에서 보관한 날달걀을 넣어서 온도를 서서히 낮추고, 약 65~70도를 유지하도록 했어요. 이렇게 하면 흰자는 촉촉하고 노른자는 걸쭉한 상태의 온천란이 완성되는 거예요.

참고로 반숙란은 끓는 물, 즉 100도 정도에서 삶아요. 그러면 바깥쪽의 흰자가 먼저 굳기 때문에 그 순간 바로 꺼내서 식히면 노른자가 굳지 않아 반숙란이 돼요.

### 단백질의 열변성

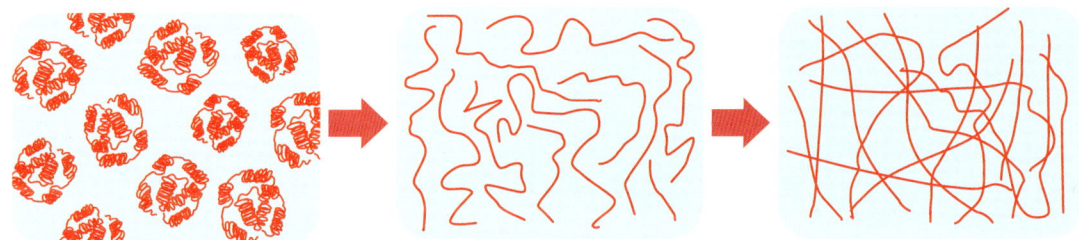

각각의 아미노산이 사슬처럼 연결되어서 접혀 있다.

뜨거워지면 풀려서 길게 늘어난다.

서로 뒤엉켜서 각각 움직이지 않게 된다.

# 04 2분 만에 만드는 폭신폭신한 휘핑크림

**소요시간 3분**

평범한 과자나 과일, 코코아, 커피에 휘핑크림을 곁들이기만 해도 즐거운 간식 시간이 되지요. 하지만 생크림으로 거품을 만드는 과정은 여간 힘든 게 아니에요. 그릇에 재료를 넣고 팔이 아플 정도로 10분 이상 거품기로 젓거나 무거운 핸드믹서로 거품을 만드는 방법이 일반적이에요.

그래서 이번 실험에서는 밀폐용기에 생크림과 '어떤 재료'를 넣고 단 2분만 흔들면 만들어지는 휘핑크림 제조 방법을 알아볼게요. 이때 사용하는 밀폐용기는 튼튼하고 잡기 쉬우며 뚜껑이 단단히 닫히는 것이라면 무엇이든 가능해요. 특히 단백질 셰이크나 미숫가루 등 음료를 섞을 때 자주 사용하는 '셰이커(보틀)'를 이용하면 편리하답니다. 리듬을 타듯 춤을 추며 흔들어 보는 것도 즐거운 실험이 될 거예요.

**키워드**  공기, 유지방, 지방구

# 휘핑크림 간단히 만들기

### 준비물

- 냉장고에서 차게 보관한 생크림 200mL
- *유지방분이 30~48% 함유된 것

- 500mL 용량의 밀폐용기(셰이커)

- 각설탕 3개

### 실험 순서

 밀폐용기(셰이커)를 흔들 때 다른 사람과 부딪히지 않도록 넓은 장소에서 실험하세요.

**1** 생크림을 냉장고에서 꺼내 밀폐용기(셰이커)에 넣는다. 각설탕 3개를 넣는다.

**2** 뚜껑을 꽉 닫는다.

**3** 2분 정도 계속 흔든다. 내용물이 점성이 생겨 흔들리는 소리가 들리지 않으면 멈춘다.

* 너무 흔들면 유청(95쪽 참고)이 분리되기 때문에 주의한다.

**4** 뚜껑을 열어 확인한다.

## 숨은 과학 원리: 밀폐용기 안에서 일어나는 일

폭신폭신한 식감의 음식은 부드럽고 맛있다고 느끼기 쉬워요. 그래서인지 거품으로 만든 요리나 과자가 많아요. 일반적으로 끈기가 있는 액체에 공기를 넣으면 액체가 공기를 둘러싸서 가두어 거품이 생겨요. 이때 이 거품을 형태가 무너지지 않도록 많이 만드는 것을 '거품을 일게 하다'라고 표현해요.

이번 실험에서는 가장 먼저 유지방분이 30~48퍼센트(%)인 생크림을 준비했어요. 이 유지방분은 지방구라는 작은 알갱이 형태로 생크림의 수분 속에 흩어져 있어요. 유지방분은 물 분자와 비교하면 크고, 서로 부딪히면 붙어서 그물망 모양을 만들어요. 그 그물망 구조가 공기를 끌어들여서 휘핑크림이 되는 것이죠.

즉, 서로 부딪히는 자극과 거품을 만드는 공기만 있으면 되기 때문에, 거품기나 핸드믹서를 사용하지 않고 밀폐용기에 넣어서 흔들어도 휘핑크림을 만들 수 있어요. 또, 각설탕을 넣으면 거품이 더 잘 일어난 휘핑크림을 완성할 수 있어요.

다만, 계속 흔들면 지방구의 막이 찢어져 안에 있는 유지방분이 나오게 되고, 수분(유청)과 분리돼요. 이렇게 분리된 유지방분을 모으면 버터가 된답니다.

잘 씻어서 건조시킨 페트병에 생크림을 넣어서 흔들고, 페트병을 반으로 잘라서 휘핑크림을 꺼낸다. 이때 잘린 부분이 날카로울 수 있으니 상처를 입지 않도록 주의한다.

### 생크림의 변화

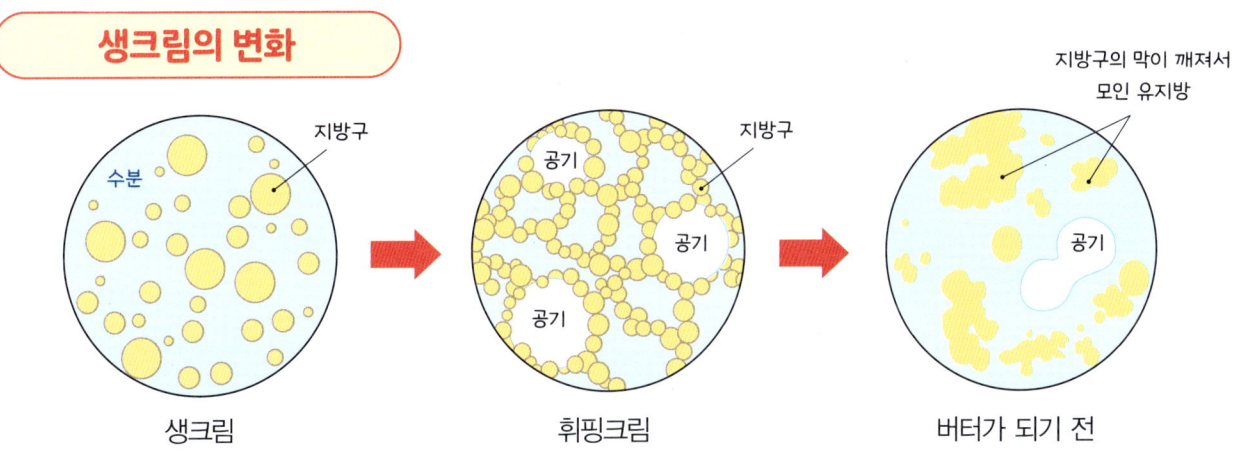

생크림 → 휘핑크림 → 버터가 되기 전

# 05 시원하게 즐기는 단단하고 부드러운 냉 샤브샤브

**소요시간 30분**

마트에서는 여러 종류의 고기를 팔아요. 소고기, 돼지고기, 닭고기 등 고기를 손질하는 방법도 다양합니다. 큰 덩어리 모양, 스테이크 모양, 한입 크기 등 여러 모양이 있죠. 그리고 샤브샤브용으로 매우 얇게 썬 고기도 있어요. 샤브샤브용 얇은 고기를 사서 냉 샤브샤브 샐러드로 만들면 식욕이 없는 여름철에도 남김 없이 맛있게 먹을 수 있답니다.

자르는 수고가 필요 없고, 재빨리 익혀서 먹을 수 있다는 점도 요리를 하는 사람에게는 즐거운 일이에요. 냉 샤브샤브를 만들 때는 주로 냄비에 뜨거운 물을 끓여 고기를 후다닥 데치고 차가운 물로 식히는 방법이 익숙하지만, 뜨거운 물에 고기를 넣고 잠시 기다리면 완전히 익은 고기가 완성됩니다.

고기에는 단백질과 지방이 포함되어 있다는 사실에 주목하면서 보다 부드럽게 조리하는 방법을 생각해 보세요. 다만, 생고기에는 살모넬라균이나 대장균 등 식중독을 일으키는 미생물이 있을 수 있으니 맨손으로 만지지 않도록 하고, 만진 후에는 손을 깨끗하게 씻으세요.

 **키워드**  변성, 열변성, 악틴, 지질

# 두 종류의 냉 샤브샤브를 만들어 비교하기

### 준비물

- 얇게 썬 샤브샤브용 돼지고기 200g
- 맛술 한 큰 술
- 냄비
- 차가운 물을 채운 그릇
- 상온의 물을 채운 그릇
- 물 적당량
- 온도계
- 요리용 긴 젓가락
- 일회용 비닐봉지

### 실험 순서

 불을 다룰 때는 반드시 주의하세요. 생고기를 만진 손과 도구는 깨끗이 씻어주세요.

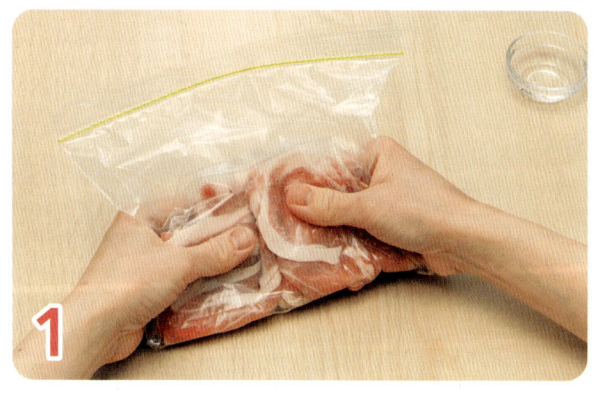

**1** 얇게 썬 돼지고기를 일회용 비닐봉지에 넣고, 맛술(또는 미림)을 부어 잘 섞는다.

**2** 냄비에 물을 넣어 중불로 가열하고, 끓어오르면 1의 고기량의 절반을 한 장씩 넣어서 데친다.

**3** 고기가 익으면 불을 끄고 냉수를 채운 그릇에 고기를 옮긴다.

**4** 냄비를 씻어서 물을 새로 채우고, 중불로 가열하여 80도가 넘으면 불을 끈다. 남은 생고기를 한 장씩 넣는다.

물 온도가 75~80도로 유지되도록 불을 조절하면서 고기를 데친다.

고기가 익으면 불을 끄고, 상온인 물을 채운 그릇에 고기를 옮긴다. 3과 비교한다.

## 숨은 과학 원리: 단백질과 지방

돼지고기에는 여러 가지 단백질이 포함되어 있어요. 일반적으로 단백질은 열, 산, 알코올 등 다양한 요인으로 상태가 바뀌며, 한 번 변하면 원래의 모습으로 돌아가기 어려운 성질을 가지고 있어요. 이를 '변성'이라고 하며, 그중에서 열이 가해져 단단하게 변한 것을 '열변성'이라고 해요.

특히 '악틴'이라는 단백질은 약 65도에서 변성이 관찰되며 바삭바삭한 식감을 내는 원인이에요. 다만, 낮은 온도에서 가열하면 살균이 어려워 시간이 오래 걸려요. 예를 들어, 돼지고기의 중심 온도가 63도가 되도록 가열한 경우, 식중독균의 대부분을 죽이려면 30분 이상 그 온도를 유지해야 해요. 그래서 이번 실험에서는 75~80도의 뜨거운 물로 데치는 방법을 선택했어요. 100도 정도로 데치는 것보다 부드럽게 익힐 수 있죠.

또, 돼지고기의 지방은 차가운 물에서 단단해져요. 뜨거운 물에서 꺼낸 채 실온에 두면 김이 나면서 수분이 날아가 돼지고기가 딱딱해지기 때문에, 상온의 물에 담근 거예요. 고기를 익힐 때 맛술을 넣으면 잡내를 제거할 수 있고, 수분을 유지하는 효과가 있어요.

끓인 물에 데쳐서 차가운 물로 옮긴 돼지고기(왼쪽)와 그보다 낮은 온도에서 데쳐서 상온의 물로 옮긴 돼지고기(오른쪽).

## 06 단단한 얼음도 스르륵 깎이는 폭신폭신한 빙수

**소요 시간 6시간**

더운 날에 먹으면 맛있는 빙수. 하지만 집에서 직접 만들어 먹으면 얼음이 딱딱해서 서걱서걱 씹히거나, 먹고 나서 머리가 '띵'하고 아팠던 적은 없나요?

빙수가 딱딱한 이유 중 하나는 주재료인 얼음이 단단하기 때문이에요. 얼음을 빙수기의 날카로운 칼로 깎으면 씹었을 때 서걱서걱한 식감이 나죠. 혹시 이보다 부드러운 얼음을 만들면 폭신폭신한 빙수를 만들 수 있지 않을까요?

이번 실험에서는 부드러운 식감의 빙수를 만들어 볼게요. 우선 부드러운 얼음을 얼리는 방법을 생각해 볼까요? 우리 주변에 있는 재료에 물을 더하는 것만으로도, 힘을 주지 않고 스르륵 갈 수 있는 부드러운 얼음을 만들 수 있어요.

**키워드** 수소결합, 결정, 아이스크림 두통

# 폭신폭신한 얼음 만들기

**준비물**
- 설탕 100g
- 얼음틀
- 물 200mL
- 작은 냄비
- 실리콘 주걱
- 빙수기
- 그릇

**실험 순서**

⚠️ 불을 다룰 때는 반드시 주의하세요. 빙수기의 칼날이 날카로우니 주의하세요.

**1** 작은 냄비에 물과 설탕을 넣는다. 중불에서 섞고, 설탕이 다 녹으면 불을 끈다.

**2** 그대로 식혀서 얼음틀에 붓고 냉동실에 넣는다.

**3** **2**가 얼면, 빙수기에 넣는다.

**4** 그릇을 빙수기 아래에 놓고, 빙수용 얼음을 간다.

## 물과 얼음은 어떻게 해서 생길까?

물이나 설탕물을 냉동실에서 얼리면, 냉동실에 들어가기 전보다 부피가 늘어요.

물 분자는 산소 원자 1개와 수소 원자 2개로 이루어져 있어요. 그리고 물 분자에 있는 수소 원자와 다른 물 분자에 있는 산소 원자는 서로 끌어당겨요. 이를 '수소결합'이라고 해요. 그래서 물 분자끼리 서로 강하게 계속 끌어당기므로 달라붙는 일은 없어요.

물은 얼 때 물 분자 6개가 육각형 구조로 연결되어 단단한 결정이 돼요. 즉, 물 분자가 비교적 자유롭게 움직일 수 있는 액체일 때보다, 고체 상태인 얼음에서 물 분자끼리 일정한 거리를 유지해요. 그래서 액체(물)에서 고체(얼음)가 되면 부피가 늘어나는 거예요.

이때, 처음 상태가 일반적인 물이라면 결정이 단단하게 생겨 딱딱한 얼음이 되기 때문에 빙수기로 얼음을 갈면 크게 부숴지고 입자가 거칠며 각이 있는 형태가 돼요. 하지만 설탕물을 얼린 얼음은 단단하게 이루어졌던 결정 구조 사이에 설탕 분자가 끼어들어서 물 분자 사이의 연결이 느슨해져 부드러운 얼음이 돼요.

참고로, 차가운 빙수를 먹을 때 간혹 두통이 생기는 증상을 '아이스크림 두통'이라고 해요. 얼음 때문에 입 속이 차가워지면, 얼굴의 감각을 뇌로 전달하는 신경이 자극되어서 뇌가 차가움을 통증이라고 착각해 두통이 일어난다고 알려져 있어요. 하지만 부드러운 빙수 얼음을 먹을 때 두통이 없는 이유는 빙수 얼음을 입에 넣어도 바로 녹기 때문이에요.

### 물로 만든 얼음과 설탕물로 만든 얼음의 차이

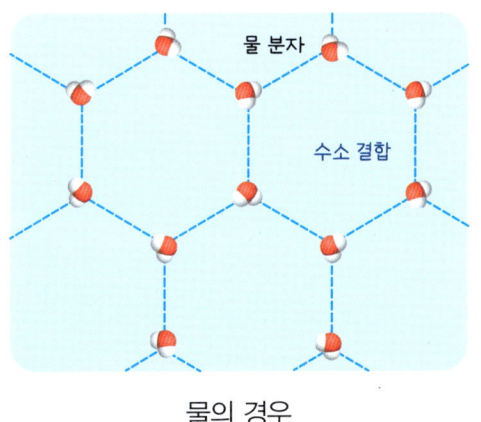

물의 경우

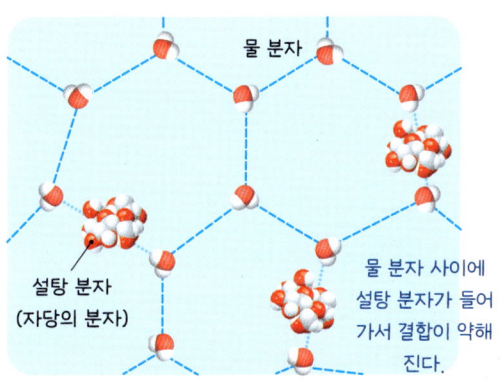

설탕물의 경우

설탕물로 만든 얼음은 얇게 깎인다.

# 07 색깔이 변하는 자색 고구마 음료

**소요시간 10분**

자색 고구마를 부엌칼로 자르면, 예쁜 보라색 단면이 눈에 들어와요. 고구마 종류 중 하나로, 고구마 속이 노란색이 아니라 보라색을 띠며, 다양한 품종이 있어요.

자색 고구마는 맛이 부드럽고 색이 예뻐서 음료나 아이스크림 등에도 사용해요. 자색 고구마는 가열해도 그 색이 사라지지 않고, 품종에 따라서 보라색이 선명하여 과자와 빵을 만드는 데에 사용되는 경우도 늘고 있어요. 이 같은 음식을 간단히 만들고 싶을 때 사용하는 재료가 자색 고구마 가루입니다. 자색 고구마를 건조하여 가루 상태로 만들었기 때문에 음료에 넣거나 과자나 빵 반죽에 넣을 수 있을 만큼 손쉽게 다룰 수 있어요. 자색 고구마 가루는 마트에서도 찾아볼 수 있어요. 이 자색 고구마 가루와 우유, 설탕을 섞으면 맛있는 자색 고구마 우유가 돼요. 이때 어떤 것을 넣으면 파란색으로 변하고, 또 어떤 것을 넣으면 분홍색이 되기도 하는데, 실험을 통해 어떤 것을 더해야 색깔이 변하는지 알아볼까요?

**키워드** 안토시아닌, 산성, 중성, 알칼리성

# 자색 고구마 음료의 색 바꾸기

**준비물**

- 자색 고구마 가루 한 큰술
- 설탕 한 큰술
- 숟가락
- 유리컵 2개
- 우유 200mL
- 레몬즙 한 큰술
- 베이킹소다(식용) 한 작은술
- 작은 용기와 큰 국자

**실험 순서**

**1** 자색 고구마 가루와 설탕을 유리컵에 넣고 우유를 조금씩 넣어가며 섞는다.

**2** 1을 한 큰술 정도 떠서 작은 용기로 옮긴다. 베이킹소다를 넣어서 섞는다.

**3** 1에서 남은 자색 고구마 우유의 반을 빈 유리컵에 옮긴다. 레몬즙을 넣어서 섞는다.

**4** 색의 차이를 확인한다.

\* 베이킹소다를 넣은 것을 맛을 볼 때는 아주 적은 양만 맛보거나 남은 우유로 묽게 하며 맛본다.

## 자색 고구마 우유의 색 변화

자색 고구마 우유에 베이킹소다를 넣으면 파란색으로, 레몬즙을 넣으면 분홍색으로 바뀌어요. 자색 고구마에는 보라색을 띠는 '안토시아닌'이 들어 있으며, 산성, 중성, 알칼리성일 때 각각 다른 색으로 바뀌어요. 산성일 때는 빨간색, 중성일 때는 보라색, 알칼리성일 때는 파란색에 가까워요. 레몬즙(구연산 등)은 산성이므로 자색 고구마 우유에 넣으면 분홍색으로 바뀌고, 베이킹소다(탄산수소나트륨 등)는 알칼리성이므로 자색 고구마 우유에 넣으면 파란색으로 변하는 것을 볼 수 있습니다.

안토시아닌은 식물에서 많이 볼 수 있는 물질로, 음식에서도 색의 변화를 관찰할 수 있어요. 자색 양배추 샐러드에 레몬 드레싱을 뿌려 버무리거나, 자색 양배추 피클을 담으면 아름다운 분홍색이 돼요. 제주도의 특산물로 주로 김치나 장아찌를 담가 먹는 양하를 식초에 담그면 분홍색이 되지요. 혹은 계란 흰자에 묻은 후리카케나, 껍질을 벗기지 않은 가지를 데친 냄비를 베이킹소다로 씻으면 물이 녹색으로 변하는 걸 볼 수 있어요. 이번 실험처럼 음료를 만든다면, 자색 고구마 가루와 설탕 대신 블루베리 잼을 이용해도 색의 변화를 관찰할 수 있어요.

참고로, 자색 고구마 음료는 색이 진할수록 맛있어 보이기 때문에 자색 고구마 가루에 설탕, 우유, 그리고 레몬즙을 몇 방울 섞어서 만들어 먹기도 해요. 특히 추운 겨울에 따뜻한 자색 고구마 우유를 만들어 먹으며 실험해 보면 재미있을 거예요.

### 안토시아닌을 포함하고 있는 식재료의 예

자색 양배추 · 자색 양배추 피클 · 가지 껍질 · 후리카케 · 블루베리 잼

# 08 차 거름망으로 만드는 폭신폭신한 솜사탕

**소요시간 1시간**

축제나 놀이공원 등에서 볼 수 있는 솜사탕은 분홍색, 노란색, 파란색 등 다양한 색깔이 있어서 보고 있기만 해도 즐거워요. 금방 만든 솜사탕을 만져보면 폭신폭신하지만, 입에 넣으면 사르륵 녹아 사라지는 점도 신기하지요.

솜사탕을 만들 때 보면, 큰 기계의 가운데 있는 구멍에 알갱이가 큰(굵은) 설탕을 넣어요. 그러면 구멍 주변으로 실이나 솜 같은 것들이 나오는데, 이것을 막대로 둘둘 말거나 걷어내면서 솜사탕을 만들어요. 즉, 솜사탕은 설탕으로 만드는 거예요. 설탕은 놀랄 정도로 물에 쉽게 녹는 물질이에요. 그래서 솜사탕을 입 안에 넣으면 침에 바로 녹아 마치 사라진 것처럼 느껴지는 것이죠.

그렇다면 어떻게 설탕의 알갱이가 솜 모양이 된 것일까요? 이번 실험에서는 솜사탕 만드는 기계를 사용하지 않고, 차를 마실 때 사용하는 '차 거름망'을 활용하여 솜사탕을 만들어 볼게요. 실험 재료로 갈색과 흰색의 설탕, 색깔이 있는 설탕, 그리고 각설탕을 부순 것도 사용해 볼게요. 알록달록한 솜사탕을 만들어 보는 것도 재미있답니다.

**키워드** 물질의 상태 변화, 원심력

# 차 거름망으로 솜사탕 만들기

**준비물**
- 굵은 설탕 두 큰술
- 차 거름망 (손잡이가 없는 것)
- 철사
- 니퍼
- 큰 냄비
- 나무젓가락
- 조금 큰 스테인리스 숟가락
- 우유 거품기
- 송곳
- 작업용 장갑

**실험 순서**  날카로운 도구와 철사를 다룰 때는 주의하세요. 불을 다룰 때 반드시 주의하세요.
설탕이 녹아서 떨어져도 괜찮은 장소에서 실험하세요.

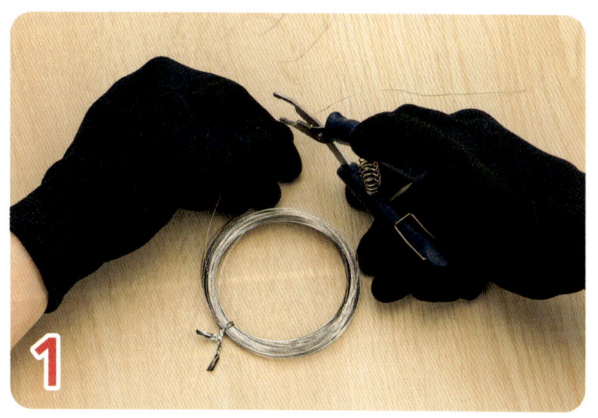

**1** 약 10cm 길이로 철사를 자른다. 같은 길이의 철사를 총 3개 만든다.

**2** 차 거름망의 가장자리에 가까운 세 군데에 같은 간격의 구멍을 송곳으로 뚫는다.

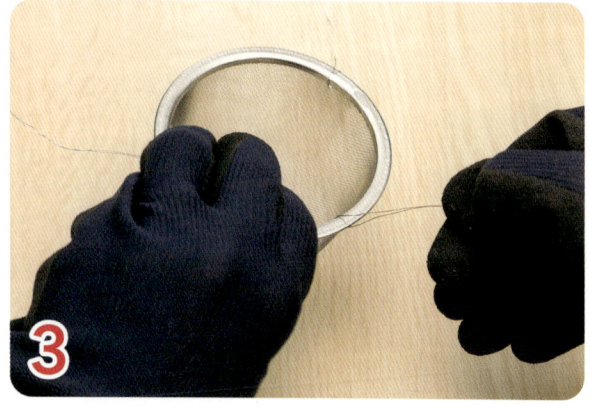

**3** 2의 구멍에 1의 철사를 한 개씩 통과시켜 가운데에서 하나로 단단하게 묶는다.

**4** 3의 철사 반대쪽을 우유 거품기에 감아서 단단히 묶는다.

우유 거품기의 전원을 켜고 잘 작동하는지 확인한다.

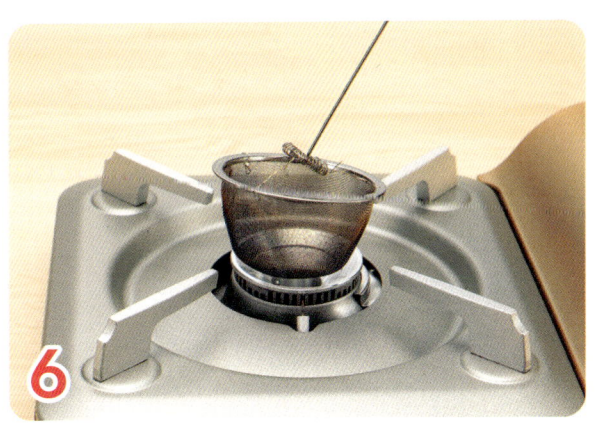

차 거름망을 살짝 불에 쬐어 코팅된 부분을 태운다.

차 거름망에 굵은 설탕을 넣는다.

중약불에서 **7**을 조금 높은 곳에 두고 가열한다. 주변이 녹기 시작하면 불을 끈다.

\* 굵은 설탕이 녹아서 떨어질 것 같다면, 차 거름망 조금 아래에 큰 숟가락을 받친다.

큰 냄비 위로 옮긴다.

큰 냄비 안에서 우유 거품기를 넣어 돌리고, 솜처럼 나오는 설탕을 나무젓가락으로 휘감는다.

## 숨은 과학 원리: 고체에서 액체, 그리고 다시 고체로

실험에서 굵은 설탕을 가열하였더니 끈적하게 녹은 후 차 거름망 바깥으로 나왔어요.

물은 고체인 얼음, 액체인 물, 기체인 수증기로 변화하며, 이를 '물질의 상태 변화'(87쪽 참고)라고 해요. 그렇다면, 굵은 설탕은 어떨까요?

설탕이 알갱이였을 때는 고체 상태예요. 여기에 열을 가하면 액체 상태가 됩니다. 이번 실험에서는 그 이상 가열하지 않았지만, 계속 열을 가하면 설탕이 타서 새까맣게 돼요. 기체가 되지 않은 것처럼 보이지만, 실제로는 탈 때 설탕에 있던 탄소가 산소와 달라붙어 이산화 탄소가 생겨요.

회전시킨 차 거름망의 구멍에서 액체 설탕이 튀어나오는 이유는 무엇일까요? 세탁기(또는 탈수기)를 떠올려 보세요. 둥근 통 모양의 세탁조에는 구멍이 많아요. 세탁이 끝나면 그 구멍을 통해 물이 빠지고 세탁물에는 더 이상 물기가 남지 않아요. 세탁조를 빙빙 돌리면 '원심력'이 작용하여, 세탁물과 물기가 바깥쪽을 향하고 세탁조의 벽에 달라붙어요. 그러면서 세탁물에 남아 있던 물기가 밀려서 구멍으로 나가는 것이죠. 이번 실험에서 설탕이 차 거름망에서 바깥으로 빠져나간 것도 같은 원리예요.

액체인 설탕물은 원심력 때문에 차 거름망 바깥으로 빠져나갑니다. 그리고 바로 차가워져 고체가 되는데, 이번에는 알갱이 형태가 아니라 가는 실과 같은 형태가 되어 유연하게 구부려져요. 이때 실처럼 나온 설탕을 휘감은 것이 솜사탕이며, 먹으면 폭신한 식감을 느낄 수 있어요. 그물의 구멍이 작은 차 거름망일수록 보다 폭신한 식감의 솜사탕을 만들 수 있답니다.

사탕을 잘게 부순 것(왼쪽)과 솜사탕용 굵은 설탕(오른쪽)을 사용해서 실험해도 재미있다.

# 4장

## 놀이처럼 재미있는 실험

# 01 휙 날려라! 다루마 오토시

소요시간 **30분**

'다루마 오토시'는 집짓기 놀이처럼 나무조각을 쌓고, 가장 위에 달마 조각을 올려서 노는 일본의 전통놀이예요. 내가 노린 나무토막만 망치로 빠르게 쳐서 나무토막이 쏙 빠지면 정말 재미있어요.

게다가 물리의 기본 원리를 눈으로 확인할 수 있는 실험이기도 해서, 놀면서 과학 원리도 배울 수 있는 '일석이조' 놀이예요. 그래서 저도 실험실에서 아주 거대한 다루마 오토시를 만들어 본 적이 있답니다. 다루마 오토시 놀이 방법은 인터넷 동영상으로도 쉽게 찾아볼 수 있어요. 또, 크기가 크면 얼만큼의 힘으로 쳐서 뺄 수 있는지 도전해 보는 것도 재미있을 거예요.

집에서는 크게 만드는 것이 어려우니, 일반적인 것보다 크기가 크고, 움직임을 잘 확인할 수 있는 크기로 만들어 볼게요.

 **키워드**    마찰, 운동 제1법칙(관성의 법칙)

# 다루마 오토시 만들기

**준비물**

- 종이테이프 4~5개
- 도화지 4~5장
- 양면테이프
- 나무망치 또는 고무망치
- 연필
- 가위

**실험 순서**

 날카로운 도구를 다룰 때는 주의하세요.
망치를 사용할 때, 주변에 있는 사람이나 물건에 부딪히지 않도록 주의하세요.

**1** 도화지에 종이테이프를 올려놓고, 연필로 동그라미 모양을 본뜬다. 종이테이프 1개당 동그라미 2개를 그린다.

**2** 1의 선을 따라 둥글게 자르고, 종이테이프의 양쪽 면에 양면테이프를 붙인다.

\* 종이테이프 2개를 합해서 1단으로 하거나, 도화지와 펜(모두 따로 준비)으로 만든 얼굴을 붙여도 좋다.

**3** 각각의 종이테이프 위아래에 도화지가 붙은 상태로 쌓는다.

**4** 중간에 있는 단을 나무망치로 쳐서 빼낸다.

## 숨은 과학 원리: 다루마 오토시 놀이의 원리

중간에 있는 단을 나무망치로 치자, 그 단만 날아갔어요. 그 위에 놓인 단도 함께 날아갈 것 같지만 그렇지 않았죠. 그 이유는 두 가지예요.

예를 들어, 종이테이프에 도화지를 붙이지 않고 그대로 쌓은 뒤 나무망치로 쳐 보세요. 그러면 위의 단도 함께 움직여요. 종이테이프의 옆면은 까칠하고 끈적거려서 바로 아래 단이 움직일 때 끌려서 따라가기 때문이에요. 즉, 마찰이 크기 때문이죠. 하지만 이번 실험에서는 종이테이프에 도화지를 붙여서 마찰을 줄였기 때문에 단이 자유롭게 움직일 수 있었어요.

다르게 생각하면 위에 있던 단은 중력으로 아래로 떨어졌을 뿐, 옆으로 벗어나지 않고, 그 자리에 머물렀다는 거예요. 이 현상은 운동 제1법칙(관성의 법칙)으로 설명할 수 있어요. 36쪽에서는 이 법칙을 '달리고 있는 물체는 계속 달리려고 하는 성질'이라고 설명했지요. 이번 실험에서는 '정지하고 있는 물체는 외부에서 힘이 작용하지 않는 한, 그 자리에 그대로 있으려는 성질'을 뜻하지만 사실 두 설명은 같은 의미예요.

보통 물체의 상태를 두 가지로 나누어 보라고 하면, 대다수가 '움직이고 있다'와 '멈추어 있다'로 나누어요. 하지만 물리의 세계에서는 '속도를 올리거나 떨어뜨리면서 움직이는가(가속도 운동)'와 '그렇지 않은가'로 나누어요. 즉, '물체가 멈추어 있을 때'와 '물체가 일정 속도로 곧장 움직이고 있을 때'를 모두 '힘이 작용하고 있지 않을 때'라고 하나로 묶어 생각해요. 그렇게 보면, 아주 빠른 속도로 움직이고 있는 KTX 안에서도 집에 있는 것과 같이 편안하게 있을 수 있고, 빠르게 나는 비행기 안에서도 느긋하게 식사할 수 있는 이유를 이해할 수 있겠죠.

### 두 종류의 운동

힘이 작용하지 않는다(운동 제1법칙으로 설명).

힘이 작용하고 있다(운동 제2법칙으로 설명).

# 02 음의 변화가 즐거운 빨대 피리

⏱ 소요시간 1시간

낮은 '도'에서 시작해서 '도레미파솔라시도'로 끝나는 8음으로 연주할 수 있는 대표적인 음악에는 '반짝반짝 작은 별' 등이 있어요. '파' 음에서 시작하는 노래도 맨 첫 음을 옮기면(이조하면) 피리로 곡 전체를 연주할 수도 있어요.

이처럼 여러 곡을 연주할 수 있는 피리를 빨대로 만들어 보겠습니다. 1개의 빨대에서 1개의 음을 내도록 잘라요. 사진에서 가장 왼쪽에 있는 빨대에서 나는 소리가 낮은 '도'이며, 가장 오른쪽에 있는 빨대에서 나는 소리가 높은 '도'예요.

빨대 피리를 부는 방법은 유리병 피리와 비슷해요. 유리병의 입구를 아랫입술에 대고 수평으로 숨을 내뿜으면 '부' 하는 소리가 나지요? 빨대 피리도 같은 방식으로 불 수 있어요. 다만, 학교에서 배우는 리코더처럼 윗니와 아랫니 사이에 악기를 물고 부는 방법이 아니어서 조금 어렵더라도 좋아하는 음과 곡을 불어 보세요.

💡 키워드 **파동, 개관, 폐관, 정상파**

# 빨대 피리 만들기

### 준비물
- 두꺼운 빨대 5~6개
- 셀로판테이프
- 자
- 가위

### 실험 순서
 날카로운 도구를 다룰 때는 주의하세요.

**1** 먼저 빨대를 8.0cm(도), 7.1cm(레), 6.3cm(미), 6.0cm(파) 길이로 잘라서 나눈다.

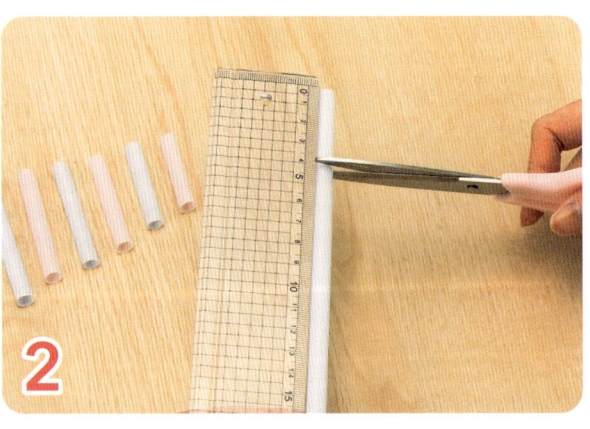

**2** 계속해서 5.3cm(솔), 4.7cm(라), 4.2cm(시), 4.0cm(도)로 잘라서 나눈다.

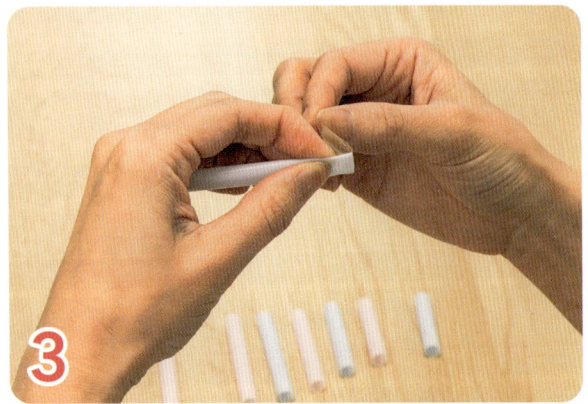

**3** 빨대의 한쪽 끝의 구멍을 손가락으로 잡아 눌러 셀로판테이프로 붙인다.

**4** 새로운 빨대 1개를 가로로 놓고, 1과 2를 1.5cm씩 간격을 두고 테이프로 붙인다.

가로로 붙인 빨대의 남은 부분을 자른다.

아랫입술에 빨대를 대고 분다.

## 숨은 과학 원리: 빨대의 길이에 따라 음의 높이가 바뀌는 이유

짧은 빨대를 불면 높은 음이 나고, 긴 빨대를 불면 낮은 음이 나요. 우리에게 친숙한 리코더도 짧은 소프라노 리코더보다 긴 알토 리코더에서 더 낮은 음이 나요.

음은 파동(43쪽 참고)이에요. 파동의 길이가 짧고, 마루와 골의 수가 많을수록(진동하는 수가 많을수록) 음은 높아져요. 보다 짧은 파동을 만들려면, 더 짧은 관이 필요합니다. 그래서 이번 실험에서는 낮은 '도' 음을 내기 위해서 긴 빨대를 준비한 후 그것을 차례로 짧게 만들어서 높은 '도'까지 소리를 낼 수 있도록 했어요.

높은 '도'의 파동은 1초에 진동하는 횟수가 낮은 '도'의 2배이기 때문에 빨대의 길이도 반으로 줄였어요. 이처럼 길이에 따라 음의 높이가 결정되므로, 같은 방법으로 만들 경우 두꺼운 빨대를 사용하거나 가는 빨대를 사용해도 음의 높이는 변하지 않아요.

피리의 종류에는 한쪽 끝을 막은 형태(폐관*)와 리코더처럼 양 끝을 열어 놓는 형태(개관**)가 있어요. 빨대 피리는 폐관으로 만들어야 불기가 쉽지만, 익숙해지면 개관 형태로도 만들어서 연주해 보세요.

폐관에서 닫힌 쪽 끝은 불어 넣은 공기가 움직이지 않는 지점(마디)이 되고, 열린 쪽 끝은 움직이는 지점(배)이 되어요. 이 과정에서 43쪽과 46쪽에서도 소개한 것처럼 눈에 보이지 않는 정상파***가 생겨요.

\* 한쪽 끝이 닫히고 다른 쪽 끝이 열린 관.
\*\* 양쪽 끝이 뚫리고 속이 빈 관.
\*\*\* 진폭과 진동수가 같은 두 파동이 만나 제자리에서 진동하는 현상.

# 03 구슬을 회전시키는 루프 코스터

⏱ 소요시간 **30분**

놀이동산에서 롤러코스터를 타 본 적이 있나요? 속도와 스릴을 즐기는 놀이기구인 만큼 무서워하는 사람도 있어요. 굉장한 속도로 달리는 것도 무섭고, 한 바퀴 회전할 때 꼭대기에서 거꾸로 매달리는 느낌을 더 무서워하기도 하죠.

이처럼 위아래로 한 바퀴를 도는 롤러코스터를 '루프 코스터'라고 해요. '루프'는 고리, '코스터'는 썰매라는 의미예요.

사람이 타는 롤러코스터에는 동력 장치(엔진)가 없어요. 열차가 코스의 가장 높은 곳까지 올라간 다음 자연스럽게 떨어지며 한 바퀴 회전해요. 열차와 열차에 타고 있는 사람이 거꾸로 매달려 있는데 어째서 떨어지지 않는 것일까요? 이번 실험에서는 마트 등에서 파는 재료로 간단한 코스를 만들어 구슬을 굴려 볼게요.

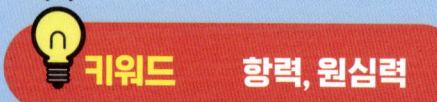
💡 키워드  **항력, 원심력**

# 루프 코스터 만들기

### 준비물

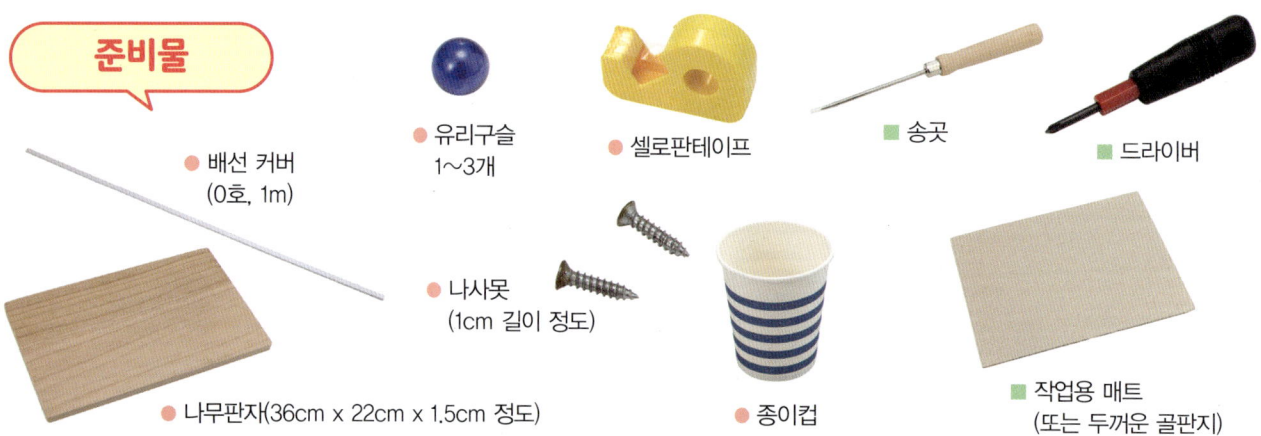

- 배선 커버 (0호, 1m)
- 유리구슬 1~3개
- 셀로판테이프
- 송곳
- 드라이버
- 나사못 (1cm 길이 정도)
- 나무판자(36cm x 22cm x 1.5cm 정도)
- 종이컵
- 작업용 매트 (또는 두꺼운 골판지)

### 실험 순서

 날카로운 도구를 다룰 때는 주의하세요.
셀로판테이프를 붙이거나 유리구슬이 코스에서 튀어 나가도 괜찮은 장소에서 실험합니다.

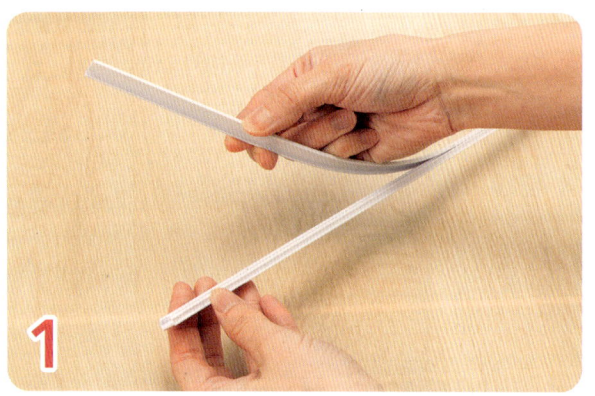

**1** 배선 커버를 위아래로 열고, 2개로 나눈다. 부드러운 쪽을 사용한다.

**2** 1의 움푹 들어간 곳이 보이는 쪽을 위로 놓고, 왼쪽 끝으로부터 100cm 부분에 송곳으로 구멍을 뚫는다.

**3** 왼쪽 끝으로부터 45cm 부분에도 구멍을 뚫는다.

**4** 나무판자의 중앙에 커버의 첫 번째 구멍이 오도록 하여 나사못과 드라이버로 고정한다.

\* 판자와 배선 커버를 가로로 길게 놓는다.

직경 약 10cm인 회전 구간을 만들 수 있도록 커버를 한 바퀴 돌려서 두 번째 구멍의 위치에 나사못과 드라이버로 고정한다.

* 회전 구간 후에 만나는 커버 사이는 유리구슬 1.5개 정도의 길이만큼 떨어지도록 고정한다.

나무판자의 왼쪽에 종이컵 등으로 떨어지는 유리구슬을 받을 수 있게 셀로판테이프로 고정한다. 커버의 오른쪽 끝을 높게 들어 올려서 유리구슬을 굴린다.

## 숨은 과학 원리 — 한 바퀴를 회전하는 조건

높은 곳에서 떨어지는 유리구슬은 속도가 점점 빨라지면서 내려가요. 속도가 빨라서 오르막이 시작되어도 앞으로 나아가요. 그렇다면 어떻게 유리구슬은 회전 구간에서 가장 높은 곳을 넘을 수 있었을까요?

유리구슬이 최고점을 넘을 수 있는 조건은 '유리구슬이 회전 구간의 가장 높은 곳보다 훨씬 높은 위치에서 출발하는 것'이에요. 흔히 '회전 구간의 최고점과 같은 높이에서 출발하면 되지 않을까?' 하고 생각하기 쉽지만, 공기의 저항과 마찰이 0이라고 해도 유리구슬은 도중에 떨어져요. 왜 그럴까요?

물체가 바닥을 누르는 힘을 '항력'이라고 해요. 물체가 바닥에서 떨어졌을 때 항력은 0이 돼요. 루프 코스터는 최고점에 다다르기 직전에 항력이 0이 되면서 유리구슬이 코스를 벗어나서 떨어져요. 최고점에서 항력이 0이 되면, 관성(36쪽 참고)에 의해 유리구슬은 조금 더 앞까지 나아가려 하기 때문에 결국 루프를 한 바퀴 돌 수 있어요.

최고점에서는 유리구슬이 루프의 바깥쪽으로 향하려는 원심력(112쪽 참고)이 작용하며 중력도 작용하고 있어요. 최고점을 넘는, 즉 항력이 0이 되지 않기 위해서는 이 중력을 이겨내는 원심력이 필요해요. 원심력은 속도가 빠를수록 강해지기 때문에, 최고점보다 훨씬 높은 곳에서 출발하면 회전 구간에서 돌면서 앞으로 나아가는 것이죠.

# 04 컵의 바닥부터 흔들흔들 올라가는 물

바다는 넓고 깊으며, 지구 표면적의 약 70퍼센트(%)를 차지하고 있어요. 우주에서 지구를 촬영한 영상을 보면 지구의 푸른 빛깔이 눈에 띄어요. 그야말로 '푸른 물의 행성'이라고 할 수 있어요.

고도 100킬로미터(km)를 넘어 우주에 다녀온 사람은 이미 많지만, 세계에서 가장 깊은 마리아나 해구의 약 10.9킬로미터 지점에 도달한 사람은 수십 명에 불과해요. 바다에 관해서는 알려지지 않은 사실, 모르는 사실이 아직도 많아요.

예를 들면, 우리는 육지에 있는 산은 잘 알지만, 해저에 있는 산은 잘 알지 못해요. 일본에는 활화산, 즉 1만 년 이내에 분화한 적이 있는 산이 100개 이상 있는데, 그중 3분의 1은 바닷속에 존재하며 해저 화산도 많아요. 또, 해저 화산과 가까운 해저에서 고온의 물 등이 분출하는 '열수분출공'이 발견되어 연구가 진행되고 있어요. 열수분출공은 세계 곳곳에 있는데, 그 특성 때문에 생명이 탄생한 장소일지도 모른다고 여겨지고 있어요. 이처럼 조금은 신기한 세계를 상상하면서 물속에서 물이 뿜어져 나오는 실험을 해 보세요.

소요 시간 10분

키워드: 열, 밀도

# 솟아오르는 물 관찰하기

## 준비물

- 작은 유리컵 (입구 근처가 잘록한 것)

- 냉수를 채운 긴 유리병

- 철사

- 뜨거운 물(만질 수 있는 정도) 적당량

- 식용 색소

- 니퍼

## 실험 순서

 날카로운 도구와 철사를 다룰 때는 주의합니다.

**1** 철사를 약간 길게 잘라서, 작은 유리병에 감아 매달듯이 묶는다.

**2** 1에 식용 색소를 넣고, 따뜻한 물을 부어 안을 채운다.

**3** 2의 철사를 쥐고 냉수를 채운 유리병의 위로 들어올린다.

**4** 작은 유리병을 냉수에 가라앉힌다.

## 물이 흔들흔들 올라가는 이유

색소를 넣은 물이 높은 곳으로 올라갔어요. 물은 4도일 때 가장 부피가 작고, 그보다 온도가 올라가거나 내려가면 부피가 커져요.

4도보다 온도가 높은 물이라면, 온도가 높을수록 '열', 즉 에너지를 받아들여 물 분자가 더욱 강하게 움직여요. 그래서 1그램(g)당의 부피가 늘어나고, 1세제곱센티미터($cm^3$)당 질량은 작고 가벼워져요. 즉, 밀도(83쪽 참고)가 작아지는 것이죠.

따라서 색소를 넣은 뜨거운 물을 냉수에 넣으면 위로 올라가는 모습을 볼 수 있어요. 맨 먼저 나온 뜨거운 물은 급격히 식고, 나중에 나온 뜨거운 물은 천천히 식어요. 이 과정에서도 밀도 차가 생겨 뜨거운 물이 올라가는 속도와 순서가 달라져요. 그래서 움직임과 모습이 일정하지 않고, 흔들리는 것처럼 보여요.

열수분출공에서도 이와 비슷한 움직임을 볼 수 있는데, 이곳에서 뿜어져 나온 물은 실험에서 사용한 물보다 더 뜨거워서 세찬 연기처럼 보이기도 해요.

이 실험은 온도 차가 클수록 관찰이 쉬우므로 뜨거운 물과 냉수를 사용했어요. 수돗물의 온도는 계절과 지역에 따라 다르지만, 수돗물의 온도가 20도가 넘는 날에 실험한다면 큰 유리컵에 얼음을 조금 넣어 온도 차이를 주면 좋아요.

아래 있는 유리컵에 냉수를 넣고, 위의 유리컵에 색소를 넣은 뜨거운 물을 넣어 하는 밀도 실험. 틈을 막은 것(투명 L 파일을 자른 것)을 빼내도 위아래 물이 거의 섞이지 않는다.

해저에 있는 열수분출공에서는 400도에 가까운 뜨거운 물이 뿜어져 나오는 경우가 있다. 여기에는 다양한 물질이 녹아 있으며, '지구 최초의 생물은 이와 같은 장소에서 탄생한 것이 아닐까' 하는 의견이 있다. (사진 출처: NOAA)

# 05 휘리릭! 색이 변하는 스테인드글라스

**소요 시간 20분**

역사적인 건물이나 기차역 등에서 스테인드글라스를 본 적이 있나요? 다양한 색깔의 유리로 큰 그림을 만들고, 그 사이로 빛이 통과하면 무척 근사하지요. 조금 더 작은 스테인드글라스를 만들어 집에서 사용하는 조명의 갓으로 활용하기도 해요.

스테인드글라스를 만들려면 무늬에 맞추어 한 장 한 장 유리를 자르고, 그 테두리에 납 같은 금속으로 유리를 이어붙이는 과정이 필요한데, 이 과정이 매우 어려워요.

그래서 이번에는 과학의 지혜를 빌려 좀 더 간단하게 만들 수 있게 일반적인 스테인드글라스와는 다른 짜임새로 다양한 색의 무늬가 보이는 시트를 만들어 볼게요. 이 방법은 간단하면서도 마술처럼 색을 휘리릭 바꿀 수 있어요. 일반적인 스테인드글라스는 한 번 만들면 색을 바꾸기 어려운데, 어떤 방법으로 쉽게 색을 바꿀 수 있는 걸까요?

**키워드** 빛, 개방 니콜, 직교 니콜

# 편광 스테인드글라스 만들기

### 준비물

● 편광판(6cm x 6cm 정도) 2장

\* 인터넷 쇼핑몰이나 가전, 생활용품 판매점 등에서 판매하는 것(133쪽의 편광 선글라스도 가능)

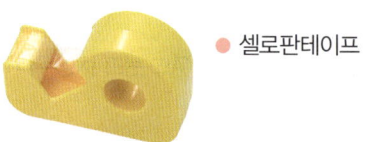 ● 셀로판테이프

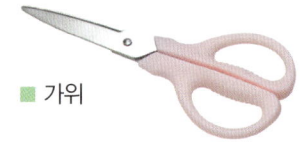 ■ 가위

### 실험 순서

 날카로운 도구를 다룰 때는 주의하세요.

**1** 편광판 2장을 겹쳐 놓는다. 겹치는 각도를 다르게 하여 겹친 부분의 변화를 확인한다.

**2** 편광판 1장에만 셀로판테이프를 비스듬히 붙인다.

**3** 나머지 테이프 부분을 자른다. 다른 방향으로 붙이고 자르기를 반복하여 좋아하는 무늬를 만든다.

**4** 테이프를 붙인 편광판과 붙이지 않은 편광판을 겹친다. 한쪽을 90도 정도 돌려 본다.

## 편광판은 어떤 식으로 빛을 통과시킬까?

빛은 곧장 나아가지만, 파동(43쪽 참고)의 성질을 가지고 있으며, 눈에 보이지 않을수록 더 작게 진동해요. 빛은 여러 방향으로 진동하는데, 편광판은 들어오는 빛이 나갈 때 그 진동을 한 방향으로 좁혀요. 편광판은 지나가기 쉬운 빛만 통과하고, 그 이외의 빛은 통과할 수 없어요.

편광판을 2장 겹치면 겹친 부분이 밝을 때도 있고 어두울 때도 있어요. 밝을 때는 2장이 빛이 통과하기 쉬운 방향이 된 것으로, '개방 니콜'이라고 해요. 어두울 때는 빛이 통과하지 못하는 방향이 된 것으로, '직교 니콜'이라고 해요.

2장의 편광판 사이에 분자가 비틀린 상태로 굳어 있는 막(이번 실험에서는 셀로판테이프)을 끼우면, 그 막을 지난 빛의 진동 방향이 기울어져서, 두 번째 편광판에서 나오는 빛의 파장(27쪽 참고)이 막혀요. 그래서 파란색이나 빨간색처럼 다른 색으로 보이는 거예요.

참고로, 바다나 눈이 쌓인 산에서 사람들이 편광 선글라스를 쓰는 이유도 같아요. 태양 빛이 수면이나 눈의 표면에 부딪혀 눈이 부실 때, 그 반짝임을 편광 렌즈로 걸러내면 눈앞의 풍경이 더 잘 보이기 때문이에요. 카메라 렌즈에 붙이는 편광 필터도 같은 원리예요.

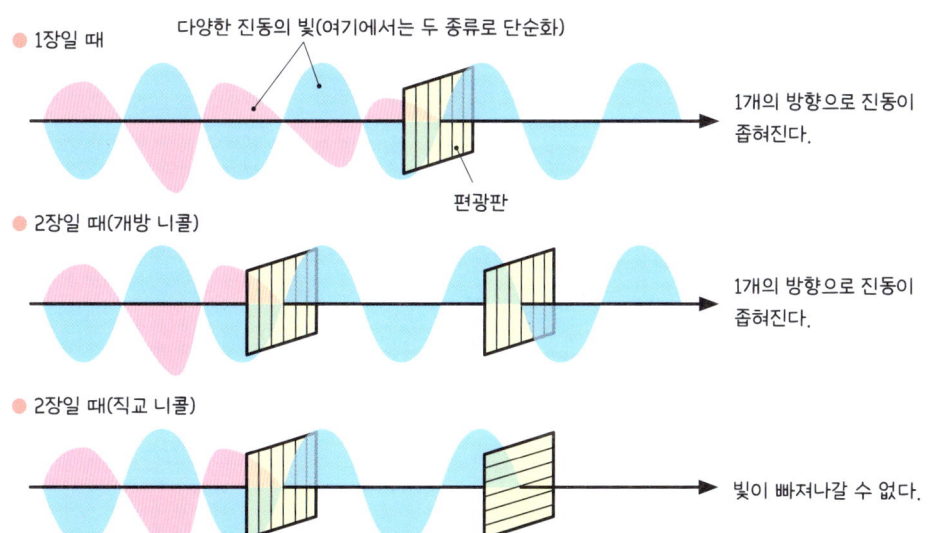

편광 선글라스. 이처럼 렌즈가 벗겨지면 편광 스테인드글라스 만들기에 이용할 수 있다.

## 06 인형이 편하게 앉을 수 있는 해먹

소요시간 **20분**

해먹은 중남미 원주민이 침구로 사용했던 것에서부터 유래했어요. 그 어원은 스페인어인 '하마카(hamaca)'이며 영어로 '해먹(hammock)'이 되었어요. 해먹은 고온 다습한 지역에서 더운 날에도 쾌적하게 잘 수 있도록, 또 동물이나 독이 있는 곤충을 피해 지면에서 가능한 한 떨어져 잠들 수 있도록 만든 거예요.

해먹이 전 세계에 알려지게 된 계기는 콜럼버스의 아메리카 대륙 발견 덕분이었어요. 그 후 유럽의 군용 함선에서 쓰이며 서서히 확산되었어요. 당시 배는 흔들림이 심해서 안에서 자는 사람이 바닥을 구르는 일도 있었는데, 해먹은 배의 흔들림에 맞추어서 움직이기 때문에 사람들이 구르거나 떨어지지 않고 잘 수 있었어요.

최근에는 수납용으로 작은 해먹을 자주 사용해요. 이번 실험에서는 이 해먹을 간단하게 만들어 볼게요. 생활용품점에서 살 수 있는 커튼용 천 등을 이용하면 끝에 박음질 처리가 되어 있어서 리본과 가위만으로 만들 수 있어요.

 키워드   균형, 모델화

# 인형용 해먹 만들기

### 준비물

- 길고 가는 천(45cm x 88cm 정도)
* 끝에 박음질 처리가 된 것

- 리본

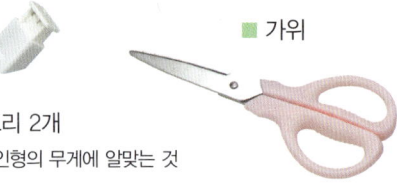
- 벽 부착 고리 2개
* 벽의 재질과 인형의 무게에 알맞은 것

- 가위

### 실험 순서

 날카로운 도구와 고리에 붙은 핀을 다룰 때는 주의하세요. 부착용 고리를 설치해도 괜찮은 벽 등을 이용하며, 해먹과 인형이 떨어지면 안 되는 장소는 피하세요.

**1** 길고 가는 천을 펼쳐서 짧은 쪽 변의 모서리 2개를 잡고, 고리가 되도록 매듭을 만들어 벗겨지지 않도록 잡아당긴다.

**2** 다른 한쪽의 짧은 변도 마찬가지로 만든다.

**3** 1과 2의 고리에 각각 리본을 통과시키고, 매듭을 만들어 벗겨지지 않도록 한다.

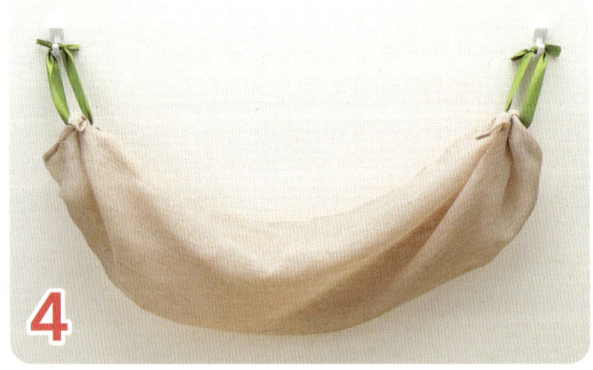

**4** 벽에 부착용 고리를 달고, 3의 리본을 걸어서 매단다.
* 집에 있는 인형을 올려보며 튼튼하게 완성되었는지 확인한다.

## 숨은 과학 원리: 안정된 균형, 불안정한 균형

두 개의 나무나 스탠드에 매단 큰 해먹에 사람이 타면 흔들흔들 흔들려요. 일단 타고 나면 안정적인 해먹과, 오른쪽과 왼쪽으로 크게 몸을 뒤척이며 자면 떨어질 것 같은 해먹이 있지요. 이번 실험에서는 인형 크기의 안정적인 해먹을 만들어 보았어요.

왜 이와 같은 차이가 나타나는 걸까요? 간단히 그림으로 그려 생각해 보죠. 해먹의 짧은 방향의 균형이 핵심이기 때문에 단면을 단순화하여 그렸어요.

한 개는 오른쪽 표의 그림과 같은, 안정된 균형의 위치예요. 물체는 바닥의 가장 낮은 위치에 있을 때 안정적으로 정지해요. 만약 물체가 균형의 위치에서 벗어나도 다시 원래의 바닥 위치로 돌아와 안정적으로 정지해요.

반대로, 가장 아래 그림은 불안정한 균형의 위치예요. 물체는 정점의 위치에서만 균형이 잡혀요. 조금이라도 물체가 균형의 위치에서 벗어나면 물체는 미끄러져 떨어지고 말아요. 당연히 이와 같은 종류의 해먹은 없죠.

마지막으로, 중간 그림과 같은 약간 불안정한 균형의 위치예요. 이 경우에 해먹은 선의 양 끝에 해당하는 부분이 고정되어 있지 않기 때문에, 물체가 균형의 위치에서 벗어나면 떨어지고 맙니다. 다만, 두 명 정도가 나란히 잘 수 있는 좋은 형태의 해먹이에요.

이번 실험에서 만든 해먹은 인형 등을 놓으면 그림의 빨간 구슬 같은 위치에서 정지하기 때문에 안정적이에요.

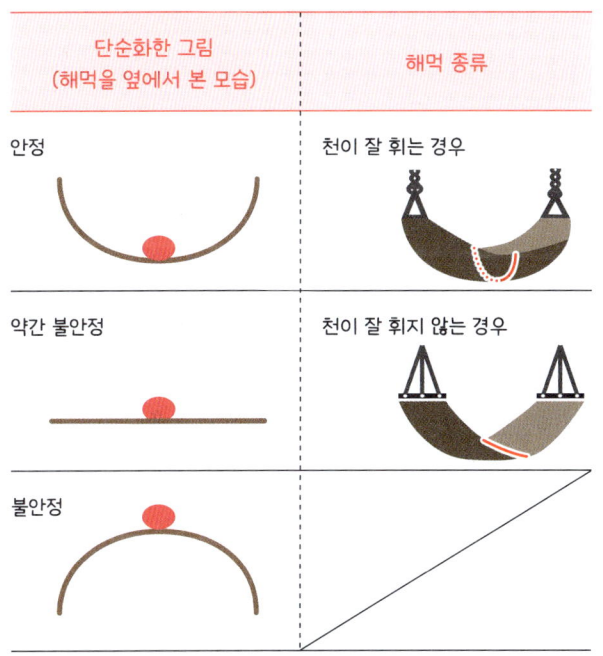

균형의 예

# 07 집에서도 관찰할 수 있는 화산

⏱ 소요시간 **30분**

💡 키워드    용암, 성층화산

여러분은 일본의 후지산을 본 적이 있나요? 후지산은 일본에 방문하는 여행객들에게 인기가 많아서 사람들로 매우 북적여요. 하지만 사실 후지산이 보이는 장소는 많아요. 후지산은 높이가 약 3,776미터(m)인 높은 산이고, 들판이 매우 넓기 때문이에요.

후지산을 보면 정상 가까운 곳의 경사는 급하지만, 전체적으로 완만한 부분이 많다는 사실을 확인할 수 있어요. 일본에는 이외에도 봉긋한 형태의 화산도 있어요.

다양한 형태의 화산이 있는 이유는 분화할 때 나온 물질의 성질이 다르기 때문이에요. 화산 분화는 매우 위험하므로 실제로 보러 가는 것은 물론, 가까이 다가가는 것조차 할 수 없어요. 하지만 집에서 화산 모델을 만들어서 실험을 하면 차분하게 관찰할 수 있어요. 자, 그럼 이제 화산을 직접 만들어 볼까요?

# 두 종류의 화산 만들기

**준비물**

- 코르크 보드
- 찰흙
- 케첩
- 돈가스 소스
- 도시락용 미니 소스통 2개
- 커터칼
- 나무젓가락
- 커팅매트

**실험 순서**  날카로운 도구를 다룰 때는 주의합니다.
케첩과 돈가스 소스를 흘려도 괜찮은 장소에서 실험하세요.

**1** 케첩, 돈가스 소스를 각각의 소스통에 넣는다.

**2** 찰흙으로 산을 2개 만든다.

**3** 소스통의 입구를 산 아래쪽 가운데에 살짝 눌러 표시한다. 그곳을 나무젓가락으로 찔러 산꼭대기까지 구멍을 낸다.

**4** 코르크 보드의 뒷면 두 군데에 소스통 뚜껑을 눌러서 표시하고 커터칼로 사진과 같이 잘라낸다.

5 소스통의 입구를 4의 구멍에 끼운다. 그 위에 3의 산을 누르듯이 올려 완성한다.

6 소스통을 잡고, 케첩과 돈가스 소스를 눌러서 짜낸다.

## 숨은 과학 원리 | 화산이 만들어지는(생성되는) 과정

케첩은 걸쭉하게 산 위에 머물고, 돈가스 소스는 끈적끈적하게 흘러내려요. 실제로 화산은 어떻게 생기는 것일까요? 우선, 지하에서 뜨거운 마그마가 올라와 지상으로 뿜어져 나와요(분화). 그러면 '용암'이 되어 흘러서 굳거나, 화산재가 날리며 쌓이죠. 이러한 현상이 여러 차례 반복되어 겹쳐 쌓이면 화산이 돼요.

화산의 형태는 용암의 성분과 온도에 따라 달라져요. 용암에 포함되는 이산화 규소가 많을수록 점성이 강해져요. 같은 성분의 용암이라도 온도가 낮으면 점성이 강해져요. 점성이 강한 용암은 흐르기 어려워 봉긋한 형태의 산을 만들어요(용암돔). 반대로 점성이 약한 용암은 흐르기 쉬우며, 그렇게 해서 생긴 산은 평평한 모양이 돼요(순상화산).

유명한 순상화산으로는 우리나라의 한라산과 하와이의 킬라우에아산이 있습니다. 또, 용암돔의 전형적인 예로 제주도의 산방산이 있어요.

일본에는 그 중간에 해당하는 화산인 '성층화산'이 많아요. 일본의 후지산도 그중 하나예요. 성층화산이라고 해도 각각의 화산, 그리고 분화에 따라 용암의 성질은 조금씩 다르며, 다양한 산의 모습이 만들어져요.

# 08 이차원에서 펼쳐지는 아름다운 세계 만화경

소요시간 10분

작은 통을 이리저리 돌리며 작은 구멍으로 보면, 신기한 꿈 같은 세계가 펼쳐지는 만화경. 보고 있으면 왠지 마음이 맑아지는 것 같죠. 만화경 안이 예쁘기도 하고, 수학적으로 아름다운 형태가 끝없이 전개되는 작은 우주 같기도 하니까요.

이번 실험에서는 만화경의 세계를 체험해 볼게요. 준비물로 단 두 가지 재료만 있으면 여러분의 시야 가득히 펼쳐질 만화경을 만들 수 있어요. 일반적으로 시중에 판매되는 만화경에는 주로 구슬 등이 들어 있으며, 작은 구멍으로 보는 형태예요. 이번 실험에서 만드는 만화경도 기본 구조는 같아요.

키워드    반사, 허상

# 만화경 만들기

### 준비물

- 손거울 3개
- 셀로판테이프

### 실험 순서

 만화경으로 태양 등의 강한 빛을 절대로 보지 않도록 합니다.

**1** 손거울 2개의 긴 쪽의 뒷면을 셀로판테이프로 겹쳐 붙인다.

**2** 1과 세 번째 손거울을 거울면이 안쪽이 되도록 삼각기둥 형태로 두고 셀로판테이프로 겹쳐 붙인다.

**3** 남은 한 곳도 셀로판테이프로 고정한다.

**4** 3에서 만든 만화경으로 주변의 물건이나 풍경을 관찰한다.

## 숨은 과학 원리: 만화경의 원리

거울에 사물이 비치는 이유는 무엇일까요?

거울은 유리판이나 아크릴판과 같은 투명한 판에 은 또는 알루미늄 등의 금속막을 입혀 만든 거예요. 이 금속막은 빛을 통과시키지 않고, 빛을 아주 잘 반사해요. 그래서 거울 앞에 사람이 서 있거나 물건이 놓여 있으면 '허상'이 비쳐 보여요.

평면거울에서 비치는 상은 1개예요. 하지만 2장의 거울을 120도 각도로 놓으면 비치는 상은 2개로 늘어나요. 각도를 90도로 하면 상은 3개가 되고, 각도를 60도로 하면 상은 5개가 돼요.

60도의 각도를 이루는 거울과 거울 사이를 가리듯이 또 1장의 거울을 추가해서 삼각형으로 만든 것이 이번 실험의 만화경이에요. 입구 쪽에 있는 것이 가운데의 거울에 비치고, 반사가 반복돼요. 집중해서 바라보면 삼각형이 많이 보이지요. 가운데 삼각형에 보이는 것이 실물이며, 주변의 삼각형과 거기에 비치는 것은 모두 허상이에요. 시야 안에서 끝없이 계속 반사돼요. 특히 작은 물건을 들여다보면, 좌우대칭이 되어 있는 모습 등을 확인할 수 있어요.

그런데 2장의 거울을 완전히 마주 보게 놓고 그 사이에 서면 어떻게 될까요? 허상이 끝없이 반복되는 것을 볼 수 있어요.

### 사물이 거울에 비칠 때의 빛의 진행

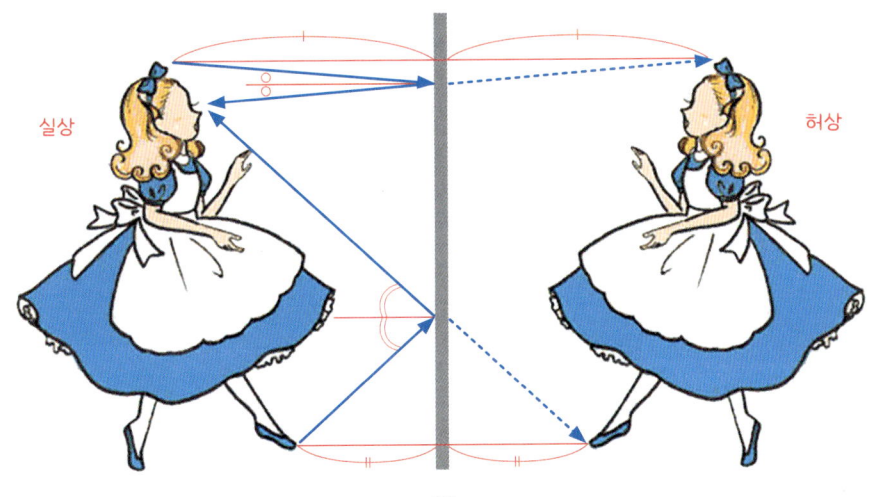

거울

60도의 각도에 2장의 거울을 놓으면, 허상 5개가 비친다.

# 만화경 사용 예시

꽃다발

유리구슬

계란 장식

고무줄

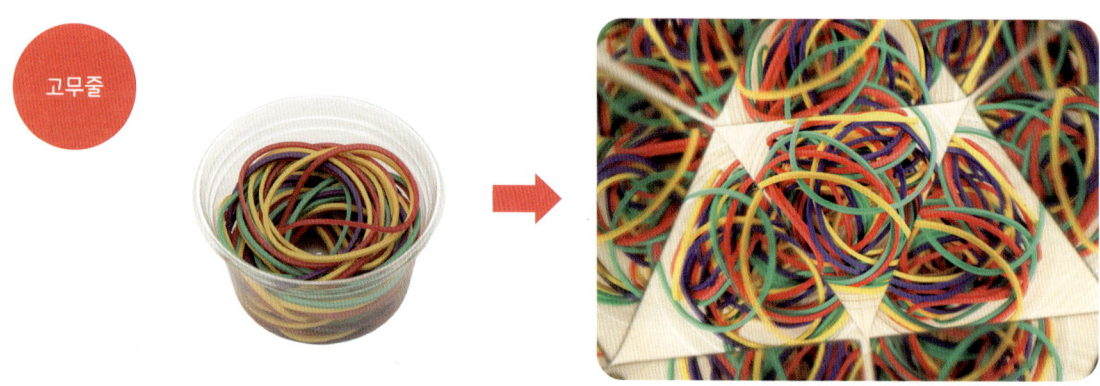

## 부록

# 물을 활용한
# 간단한 실험

# 01 사라지는 동전

마치 요술 같은 이 실험은 가장 먼저 보였던 동전이 보이지 않게 돼요!

소요시간 **5**분

## 준비물

- 유리컵 1~2개
  * 낮은 것과 평평한 것은 피한다.
- 동전 1~2개

- 물 적당량

## 실험 순서

1. 동전 위에 유리컵을 놓는다.
2. 유리컵에 물을 따른다.

빈 유리컵에 물을 채우면 처음에는 보였던 동전이 보이지 않게 된다.

### 잠깐만요

물이 없을 때는 동전에서 나온 빛이 거의 그대로 눈에 도달해요. 물을 넣으면 빛이 유리컵의 옆면에서 공기 중으로 나가지 못하고 옆면에서 전부 반사해요(전반사). 반사된 빛은 유리컵 안쪽으로 들어가 보고 있는 사람 쪽으로 전혀 오지 않아요. 그래서 동전이 보이지 않는 것입니다.

## 굴절과 반사의 모습

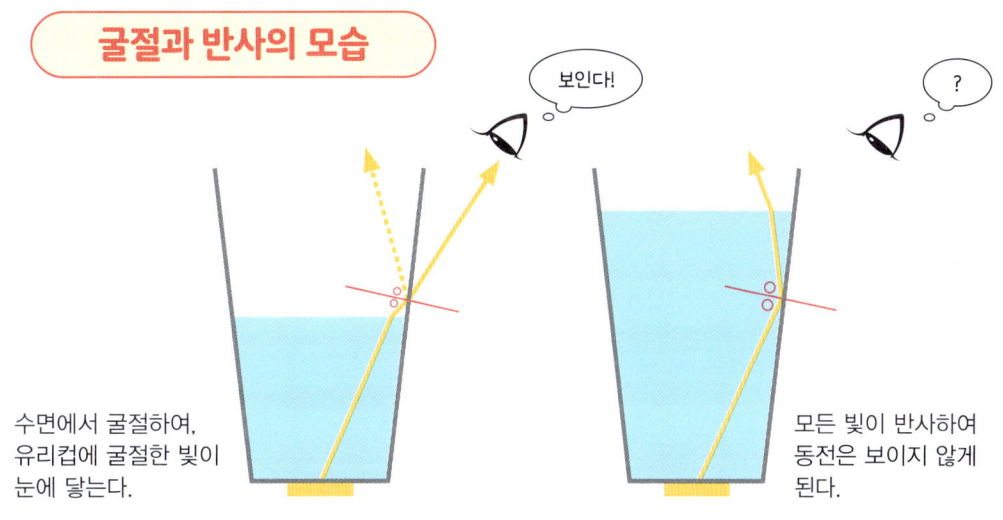

수면에서 굴절하여, 유리컵에 굴절한 빛이 눈에 닿는다.

모든 빛이 반사하여 동전은 보이지 않게 된다.

# 02 뒤집어도 쏟아지지 않는 물

트럼프 카드를 컵에 접착제로 붙인 것도 아닌데, 컵을 뒤집어도 물이 새어 나오지 않는다?

### 준비물

- 유리컵(입구의 크기가 카드 크기보다 작은 것)
- 트럼프 카드 1장
- 물 적당량
- 쟁반(깊이가 있는 것)

### 실험 순서

1. 유리컵에 물을 원하는 만큼 넣고 그 위에 트럼프 카드 1장을 올린다.
2. 쟁반 위에서 유리컵과 트럼프 카드를 잡고 재빨리 거꾸로 뒤집어 카드에서 손을 뗀다.

### 잠깐만요

공기는 무게가 있기 때문에 지상에 있는 물체는 대기 중의 공기의 압력(대기압)을 받아요. 이때 물체는 위뿐만 아니라 아래, 오른쪽, 왼쪽 등 모든 방향에서 압력을 받아요. 그래서 물체는 다른 힘이 가해지지 않는 한 움직이지 않는 것입니다. 우리는 느끼지 못하지만, 이 힘은 매우 커서 컵 한 잔의 물도 쉽게 떠받칠 수 있는 거예요.

컵에 물을 가득 넣거나 중간까지 넣어도 물은 흘러나오지 않는다.

컵을 뒤집을 때 천천히 뒤집으면 트럼프 카드가 움직여 실패하기 쉽다.

# 03 물이 가득 찼는데도 계속 들어가는 구슬

물이 가득 찬 유리컵에 한 방울도 더 넣을 수 없을 것 같지만…….

소요시간 5분

### 준비물

- 윗면이 넓은 유리잔
- 유리구슬 여러 개
- 물 적당량
- 오목한 그릇

### 실험 순서

1. 오목한 그릇 위에 유리잔을 올려두고 물을 가득 채운다.
2. 유리구슬을 1개씩 넣는다. 유리구슬 몇 개를 넣으면 물이 넘치는지 확인한다.

### 잠깐만요

물이 가득 들어 있는 유리컵에 유리구슬을 1~2개 넣는 정도로는 수면이 더 솟아오를 뿐, 물은 넘치지 않아요.

물은 분자끼리 서로 강하게 당기는 성질을 가지고 있어(73쪽, 103쪽 참고) 유리컵의 가장자리에 있는 물 분자는 안쪽에 있는 물 분자에 끌리기 때문에 컵 밖으로 흘러내리지 않습니다.

물이 넘치는 것보다 수면이 볼록한 편이 표면적의 합계가 더 작아요. 즉, 표면장력이 작용하는 상태입니다(73쪽 참고).

컵의 수면이 볼록해진 모습을 관찰한다.

# 04 얼리는 것만으로도 멋진 장식

식용 색소를 녹인 물을 얼리면 신기한 형태가 나타난다.

소요시간 **1**일

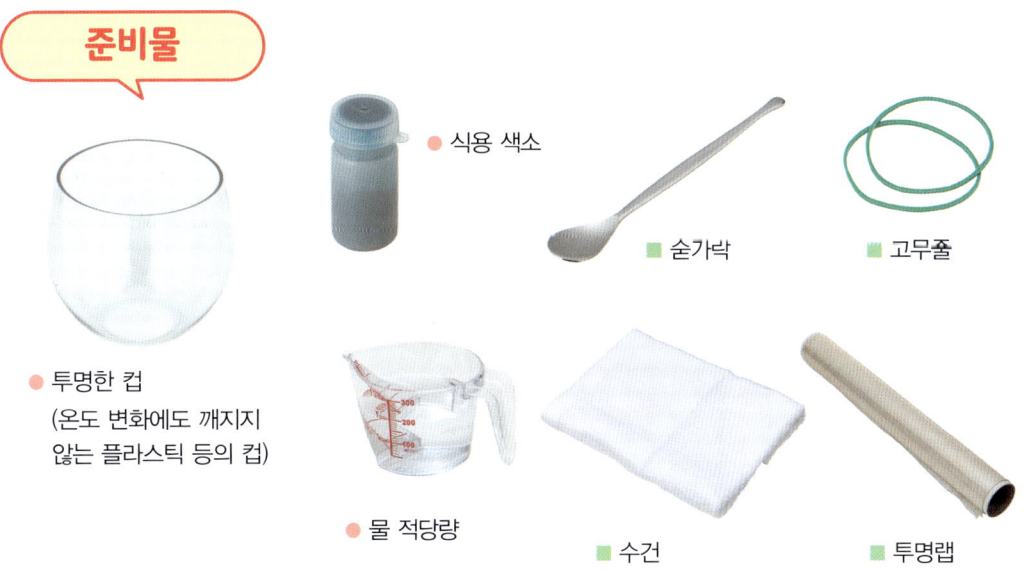

### 준비물

- 투명한 컵 (온도 변화에도 깨지지 않는 플라스틱 등의 컵)
- 식용 색소
- 숟가락
- 고무줄
- 물 적당량
- 수건
- 투명랩

### 실험 순서

1. 컵의 $\frac{2}{3}$ 정도까지 물을 붓고 식용 색소를 넣어서 녹인다.
2. 컵을 랩으로 감싸고 수건으로 두른 다음, 고무줄로 고정한다.
3. 냉동실에 하루 정도 넣어 둔다. 냉동실에서 언 컵을 꺼내 관찰한다.

**잠깐만요**

다른 물질이 섞인 물이 얼 때, 물끼리 규칙적인 구조를 만들기 위해 그것을 방해하는 요소를 없애려고 해요. 이 실험에서는 먼저 차가워진 바깥쪽부터 물이 얼고, 다음으로 진한 색소 물과 색소가 업니다. 물속에 녹아 있던 공기도 가운데로 모여 얼면서 마치 가시처럼 보여요. 설탕 등 물에 잘 녹는 물질은 잘 분리되어 얼지 않으니 참고하세요.

컵을 수건 등으로 감싸서 천천히 얼리면 물이 먼저 얼기 때문에 아름다운 형태를 관찰할 수 있다.

# 05 구멍을 내도 새지 않는 물

물을 넣은 비닐봉지에 연필을 찔러 넣으면 물이 샐 것 같지만······.

- 지퍼백
- 물 적당량
- 세숫대야
- 둥근 연필 4~5자루
  * 끝을 뾰족하게 깎아 둔다.

## 실험 순서

1. 지퍼백에 물을 넣고, 입구를 단단히 잠근다.
2. 세숫대야 위에 물을 넣은 지퍼백을 올리고 연필을 한 자루씩 꽂는다.
   * 연필을 꽂을 때 드릴처럼 돌리지 말고, 지퍼백에 강한 힘으로 꽂아야 한다.

### 잠깐만요

만약 지퍼백과 연필 사이에 마찰이 없었다면 구멍이 뚫리자마자 연필이 빠져나왔을 거예요. 하지만 마찰 때문에 연필이 지퍼백에 꽂힌 채로 있는 것입니다. 지퍼백의 구멍이 원래 상태로 돌아가려는 성질로 인해 연필을 꽉 잡고 있기 때문에 마찰력이 커져 연필이 지퍼백에서 빠지지 않고 구멍을 막는 매개 역할을 하는 거예요.

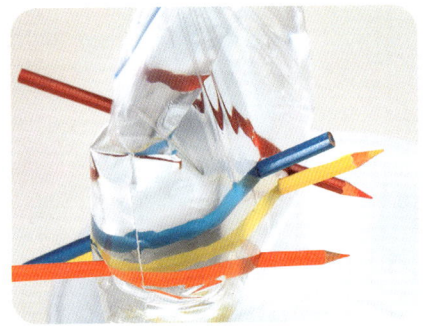

연필이 지퍼백에 단단히 꽂혀서 빠지지 않는다.

실험 후에 연필을 빼면 물이 흘러나오니 주방이나 욕실 등의 장소에서 빼는 것이 좋다.

# 찾아보기

**영어**

PVA ············· 59, 73
RGB ················ 41

**ㄱ**

가색 혼합 ············ 41
개관 ············· 121
개방 니콜 ·········· 133
건전지 ·············· 78
계면활성제 ······ 69, 73
골 ············· 43, 46
관성의 법칙 ····· 36, 117
구리 화합물 ········· 55
굴절 ············· 149
균형 ············· 137

**ㄴ**

나트륨 화합물 ······· 55
난백 ·············· 88
난황 ·············· 88

**ㄷ**

다일레이턴시 ········ 29
단백질 ············· 91

**ㅁ**

마루 ············ 43, 46
마찰 ·········· 36, 117
마찰력 ············ 157
만유인력의 법칙 ······ 13
명반 ·············· 61
모결정 ············· 64
모델화 ············ 137
물질의 상태 변화 ··· 87, 112

밀도 ············ 83, 129

**ㅂ**

박리제 ············· 51
반사 ·········· 145, 149
볼타 전지 ········ 75, 78
불꽃반응 ··········· 55
불순물 ············· 64
붕사 ··············· 59
비뉴턴 유체 ········· 29
빛의 삼원색 ········· 41

**ㅅ**

산성 ··········· 66, 107
산화제 ············· 55
성층화산 ·········· 141
속도 ··············· 23
수소결합 ·········· 103
순상화산 ·········· 141
습식 전지 ········ 75, 78

**ㅇ**

아미노산 ··········· 91
아이스크림 두통 ····· 103
악틴 ··············· 99
안토시아닌 ········ 107
알루미늄 이온 ······· 64
알칼리성 ······· 66, 107
알킬글루코시드 ······ 69
열변성 ··········· 91, 99
용암 ············· 141
우블렉 ············· 31
운동 제1법칙 ···· 36, 117
운동량 ············· 23
원심력 ········ 112, 125

유지방 ············· 95
응고제 ·········· 27, 87

**ㅈ**

자외선 ············· 27
전해질 ············· 77
정상파 ········ 43, 121
중력 ············ 13, 17
중력의 작용선 ······· 17
중성 ··········· 66, 107
중심 ··············· 17
지방구 ············· 95
직교 니콜 ·········· 133
직렬 연결 ··········· 77
질량 ··············· 83

**ㅊ**

친수기 ············· 69
친유기 ············· 69

**ㅍ**

파동 ········ 43, 46, 121
파장 ··············· 27
폐관 ············· 121
폴리머 ············· 59
표면장력 ······· 73, 153

**ㅎ**

항력 ············· 125
허상 ············· 145
형광 ··············· 27

## 참고도서

《이과 교육법 독창력을 늘리는 이과 수업》 (가와무라 야스후미 저, 고단샤, 2014년)

《도쿄이과대생의 재미있는 초등 실험》 (도쿄이과대학 가와무라 연구실 편저, 가와무라 야스후미 감수, 메이츠 출판, 2020년)

《세계에서 제일 이해하기 쉬운 물리학 입문》 (가와무라 야스후미 저, 고단샤, 2019년)

《확실하게 익히는 기초 물리학(상)》 (가와무라 야스후미 저, SB크리에이티브, 2010년)

《왜 저 사람의 셔츠는 빳빳할까-생활 속 의문을 전문가에게 물었습니다》 (요미우리신문 생활부 저, 주오고론샤, 2018년)

## 참고 문헌 및 웹사이트

〈가열조리의 최적화를 목표로 한 물성변화 예측〉 (후쿠오카 미카福岡美香・사카이 노보루酒井昇, 《계측과 제어》54권 5호, 356~360쪽, 2025년)
http://www.jstage.jst.go.jp/article/sicejl/54/5/54_356/_pdf

Harbard Natural Sciences Lecture Demonstrations "Newton's Cradle" (The President and Fellows of Harvard College)
https://sciencedemonstrations.fas.harvard.edu/presentaions/newtons-cradle

오이타 공항 해상 액세스 (오이타 현)
https://www.pref.oita.jp/site/hovercraft/

이과편람 네트워크 (하마지마 쇼텐浜島書店)
https://www.hamajima.co.jp/rika-binran/

KYOKARA TANOSHII KAGAKU JIKKEN ZUKAN
Copyright © 2024 Yasufumi Kawamura
Photo: Hiroshi Kono and other / Design: Yuko Nagase (GOBO DESIGN OFFICE)
All rights reserved.
Original Japanese edition published by SB Creative Corp.
Korean translation rights ©2025 by Gilbutschool
Korean translation rights arranged with SB Creative Corp., Tokyo
through Botong Agency, Seoul, Korea

이 책의 한국어판 저작권은 보통 에이전시를 통한 저작권사의 독점 계약으로 길벗스쿨이 소유합니다.
신 저작권법에 의하여 한국 내에서 보호를 받는 저작물이므로 무단전재와 무단복제를 금합니다.

## 쉽게 따라 하는 초간단 과학 실험

초판 1쇄 발행 2025년 11월 25일

**지은이** 가와무라 야스후미
**옮긴이** 송소정
**발행인** 이종원 | **발행처** 길벗스쿨
**출판사 등록일** 2025년 5월 27일
**주소** 서울시 마포구 월드컵로 10길 56(서교동)
**대표전화** 02)332-0931 | **팩스** 02)323-0586
**홈페이지** school.gilbut.co.kr | **이메일** gilbut@gilbut.co.kr

**기획 및 책임편집** 김윤지(yunjikim@gilbut.co.kr) | **디자인** 이현숙 | **제작** 이준호, 손일순, 이진혁
**마케팅** 양정길, 이지민 | **유통혁신** 진창섭 | **영업관리** 정경화 | **독자지원** 윤정아
**편집진행** 황진주 | **전산편집** 도설아 | **출력 및 인쇄** 금강인쇄 | **제본** 경문제책

- 잘못 만든 책은 구입한 서점에서 바꿔 드립니다.
- 이 책은 저작권법에 따라 보호받는 저작물이므로 무단전재와 무단복제를 금합니다.
  이 책의 전부 또는 일부를 이용하려면 반드시 사전에 저작권자와 ㈜길벗스쿨의 서면 동의를 받아야 합니다.

ISBN 979-11-7467-068-7 73400 (길벗스쿨 도서번호 600016)

정가 16,800원

**독자의 1초를 아껴주는 정성 길벗출판사**
**(주)도서출판 길벗** IT교육서, IT단행본, 경제경영서, 어학&실용서, 인문교양서, 자녀교육서 | www.gilbut.co.kr
**길벗스쿨** 국어학습, 수학학습, 어린이교양, 주니어 어학학습, 학습단행본 | www.gilbutschool.co.kr

| | 제 품 명 : 쉽게 따라 하는 초간단 과학 실험 | 주 소 : 서울시 마포구 월드컵로 10길 56 (서교동) |
| --- | --- | --- |
| | 제조사명 : 길벗스쿨 | 전화번호 : 02-332-0931 |
| | 제조국명 : 대한민국 | 제조년월 : 판권에 별도 표기 |
| | 사용연령 : 8세 이상 | KC마크는 이 제품이 공통안전기준에 적합하였음을 의미합니다. |